KB146374

모 르 면
호 구 되 는
재 테 크 상 식

모 르 면
호 구 되 는
재 테 크 상 식

마냥 손해만 보며 살았던 당신이
지금부터라도 알아두어야 할
최소한의 돈 공부

이현우 지음

한스미디어

프롤로그

행복한 삶의 기반 다지기, 재테크는 그렇게 상식이 된다

재테크가 필수가 된 슬픈 현실

우리는 아침마다 새벽같이 일어나 사람으로 가득한 지하철, 버스, 도로를 뚫고 일터에 출근합니다. 그리고 고객, 상사, 업무, 회식 등 힘든 하루를 마치고 집에 들어옵니다. 즐거울 때도 있지만 힘들고 슬플 때도 있습니다. 힘들지만 열심히 일하는 이유는 모두 '돈' 때문입니다. 돈이 있으면 가족에게 편안한 집과 맛있는 식사를 제공할 수 있고, 부모님 용돈과 자녀 학비, 편안한 노후 등에 사용할 수 있습니다. 돈은 단순히 재화를 교환할 수 있는 종이가 아닙니다. 평범한 사람에게는 행복하고 소중한 일상을 보호할 수 있는 소중한 증서나 마찬가지입니다.

이런 소중한 돈을 지키고 불리기 위해 우리는 언제부터인가 재테크를 공부하기 위해 다양한 노력을 하기 시작했습니다. 생각해보면 과거 은행 금리가 높던 시기에는 예금만으로도 돈을 불릴 수 있었습니다. 지금 은행 금리로는 어림없는 이야기로 정말 호랑이 담배 피우던 시절 이야기입니다. 전에는 안전한 예금만으로도 재테크 걱정 없이 살 수 있었지만, 지금은 그럴 수 없게 된 것입니다. 즉 스스로 행복한 일상을 지켜나갈 방법을 찾아야 하는 시대가 온 것입니다. 누군가 대신해준 숙제를 이제 내가 해야 할 때가 된 것입니다. 무거운 삶의 무게를 하루하루 견디기도 힘든데 재테크라는 어려운 숙제까지 떠안았습니다. 조금은 슬픈 현실입니다.

더욱 슬픈 현실은 숙제를 해야 하지만 올바르게 숙제하는 방법을 가르쳐주는 사람이 별로 없습니다. 그래서 막연한 기대나 타인의 말만 듣고 소중한 돈을 투자해 순식간에 잃고 상심하는 사람을 뉴스에서 보는 일도 어렵지 않습니다. 주변에서 투자에 실패한 이야기도 심심치 않게 들을 수 있습니다. 이런 소식을 남의 이야기로만 듣고 흘릴 수는 없습니다. 빠르게 변하고, 변수가 많고, 거짓과 참을 구별하기 어려운 재테크 환경 속에서 나의 소중한 돈을 지킬 수 있을까요? 이 질문에 확신을 가질 수 있는 사람은 많지 않을 것입니다.

결국, 슬프지만 우리는 스스로 공부해 재테크라는 새로운 숙제를 풀어야 합니다. 하지만 공부의 방향이 단순히 더 많은 돈을 갖기 위한 욕심 때문만은 아닙니다. 행복한 삶의 기반을 다지기 위한 수단인 것입니다. 돈 욕심을 채우기 위해 질주하다 행복을 잃어서는 안 됩니다. 행복이 목적이고 수단은 재테크일 뿐입니다. 목적과 수단이 바뀌면 재테크 성공과 행복 모두를 잃을 수 있습니다.

가치를 보는 안목 '재테크'

재테크는 농사와 비슷합니다. 돈을 주식, 채권, 부동산, 원자재, 환율이라는 씨앗으로 바꿔 나의 텃밭에 심는 것입니다. 재테크 농사를 잘 짓기 위해서는 경제라는 환경에 대해 잘 알아야 합니다. 경제의 기후가 어떤 농사에 적합한지 알아야 하고, 씨앗을 심기 위한 토지의 영양분이 충분한지도 알아야 합니다. 심은 씨앗에 충분한 물과 햇빛이 있는지도 알아야 합니다. 이런 경제 환경의 큰 흐름은 전작《모르면 호구되는 경제상식》을 통해서 설명했습니다.

이번 책에는 주식, 채권, 부동산, 원자재, 환율 등 여러 재테크 품종들의 특징을 알아볼 것입니다. 즉 좋은 품종을 선별해 여러분의 재테크 텃밭에 심을 수 있는 '안목'을 기르려는 것입니다. 단순히 씨앗을 뿌리는 것이 끝이 아닙니다. 탐욕이라는 병충해를 없애고, 태풍처럼 급변하는 경제 환경과 농작물을 훔쳐 가는 도둑(?)으로부터 보호해야 합니다. 물론 이 모든 일이 쉽지 않은 것이 사실입니다. 하지만 꾸준한 재테크 공부와 노력으로 얻은 달콤한 결실은 여러분을 반길 것입니다.

재테크 농사를 통해서 여러분 개인의 텃밭이 모두 풍요로워지는 것은 우리 모두가 풍요로워진다는 것을 의미합니다. 여러분이 재테크를 통해서 경제를 보는 안목이 생긴다는 것은 우리 모두 소양이 높아지는 것을 말합니다. 여러분 모두가 각자의 자리에서 경제 환경을 더욱 잘 가꾸고 감시한다면 우리 모두의 수확물이 같이 늘어날 것입니다. 이 책을 통해 여러분 삶 속에 행복이 무럭무럭 자라날 기반이 견고해지길 바랍니다.

부족한 실력이지만 두 번이나 책을 집필할 기회를 주신 한스미디어 출판사 직원 여러분께 깊은 감사의 말씀을 드립니다. 지적 스승이자 오랜 친구인 백윤기 형에게도 역시 감사의 말씀을 드립니다. 그리고 제 유튜브 채널 〈인문학으로 창업한 남자〉를 시청해주시는 모든 분들에게 감사드립니다. 아낌없이 사랑을 주셨지만 지금은 하늘에 계시는 할머니, 할아버지께도 깊은 사랑을 전합니다. 마지막으로 믿음과 사랑으로 항상 제 옆을 지켜주는 와이프에게 감사와 사랑한다는 말을 전합니다.

2 자본주의와 투자의 꽃, 주식

3 주식의 동생들, 펀드와 ETF

🏆 전설이 된 투자자들 이야기

1

시드머니를 위해
은행과 친해지자

재테크의 걸음마 '월급통장'

#재테크 성공 #재테크 첫 걸음 #돈 모으자

다양한 투자를 통해서 수익을 내기 위해 가장 먼저 해야 할 일이 있습니다. 그것은 바로 저축입니다. 투자의 첫걸음은 저축입니다. 저축하지 않고 다음 단계인 투자로 넘어갈 수 없기 때문입니다.

우리는 돈을 많이 버는 유명인이 파산했다는 이야기를 종종 듣습니다. 거액의 로또에 당첨되고도 결말이 좋지 못한 경우도 있습니다. 이는 돈을 버는 것보다 어떻게 돈을 쓰는지가 더 중요하다는 것을 알려주는 사례입니다.

그렇다면 어떻게 해야 돈을 잘 쓰면서 재테크에도 성공할 수 있을까요? 사실 핵심은 다이어트의 원리처럼 간단할지 모릅니다. 칼로리가 낮은 음식을 적게 먹고 운동을 많이 하면 살이 빠집니다. 다른 학생들보다 집중하면서 더 오래 공부하면 우수한 성적을 받을 수 있습니다. 재테크 역시 저축을 많이 하고 적게 소비하면 성공할 수 있습니다. 물론 말은 쉽지만 실천하기가 정말 어렵습니다.

이런 어려운 실천을 강제로 도와주는 것들이 있습니다. 그것은 바로 분산 저축입니다. 돈이 들어오는 월급(수입)통장을 만든 뒤 이 통장을 지출통장, 비상금통장, 재테크통장으로 다시 나누는 방식으로 합리적인 소비와 투자를 하는 것입니다. 월급통장은 꼭 월급을 받는 사람만 만드는 것이 아닙니다. 자영업자나 프리랜서도 수입을 한 개의 통장에 받는다면 월급통장이라 할 수 있습니다.

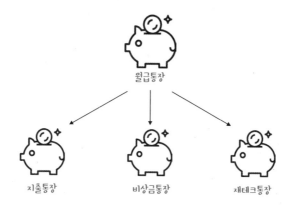

시작이 반이다! 월급통장

월급통장을 만들 때 생각해야 할 점은 3가지입니다.

첫 번째는 '자유로운 입출금'입니다. 월급통장은 예금, 적금통장처럼 여유자금을 일정 기간 묶어두는 통장이 아닙니다. 월급이 들어옴과 동시에 지출, 비상금, 재테크 3개의 통장으로 이체시켜야 하기 때문입니다.

두 번째는 '다양한 수수료 혜택'입니다. 거의 모든 월급통장은 이체나 출금 수수료를 면제해주고 있습니다. 다만 수수료 면제 조건이나 횟수가 조금씩 차이 나기 때문에 최대한 혜택이 많은 통장을 선택해야 합니다.

세 번째는 '시간 절약'입니다. 월급통장은 자주 사용하는 통장이기 때문에 은행에 자주 방문해야 합니다. 따라서 집이나 직장에서 너무 먼 은행에서 통장을 만들면 자주 찾기 어렵습니다. 특히 직장인이라면 주로 점심시간을 이용해서 은행을 이용하기 때문에 직장에서 반드시 가까워야 합니다. 황금 같은 휴가를 내고 은행을 갈 수는 없기 때문입니다. 은행이 직장과 집에서 멀 경우 은행까지 왕복하는 시간과 교통비 역시 무시할 수 없습니다.

증권사 CMA통장, 글쎄?

증권사 CMA＊통장은 월급통장으로 적합하지 않습니다. '자유로운 입출금'과 '높은 금리 혜택' 덕분에 월급통장에 적합하다고 생각할 수도 있습니다. 하지만 증권사는 은행만큼 주변에서 찾아보기

CMA

Cash Management Account. 고객의 돈을 어음, 국공채, 채권 등에 투자해 발생한 수익을 고객에게 지급하는, 수시입출금이 가능한 금융상품을 지칭하는 용어.

어렵습니다. 증권사에 한 번 방문하려면 시간과 돈이 더 들어갈 수 있습니다.

CMA통장의 금리가 높다고는 하지만, 월급통장에는 적은 금액이 들어 있을 가능성이 큽니다. 월급을 받아서 바로 지출, 비상금, 재테크통장으로 이체해야 하기 때문입니다. 또한 증권사는 은행과 달리 예금, 적금, 대출 이자 혜택을 받을 수 없습니다. 1억을 예금하거나 대출할 때 1% 이자가 발생한다면 1년이면 100만 원입니다. 1%의 차이가 작게 보이지만 사실 매우 큰 차이를 만듭니다.

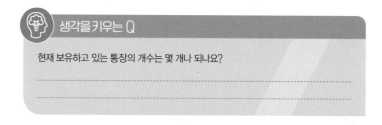

생각을 키우는 Q

현재 보유하고 있는 통장의 개수는 몇 개나 되나요?

02 분산투자보다 분산소비와 저축

#지출통장 #비상금통장 #재테크통장

재테크에는 '분산투자'라는 말이 있습니다. 돈을 한곳에 집중적으로 투자했을 경우에는 위험이 닥치면 손해가 클 수밖에 없습니다. 이런 경우에 대비해서 주식, 예금, 채권, 금 등 다양한 곳에 투자하는 것을 분산투자라고 합니다. 위기 상황이 발생해도 일부만 손해를 입거나 일부만 상승해서 손실을 줄이는 것을 말합니다.

소비와 저축 역시 마찬가지입니다. 직장을 다니거나 수입이 생기면 월급(수입)통장을 만들어야 합니다. 그리고 지출, 비상금, 재테크 통장을 꼭 만들어야 합니다. 돈의 사용 목적에 따라 알맞게 분배해서 무분별한 소비의 위험을 줄이고 저축을 늘리기 위한 것입니다. 각 통장들의 특징을 다음에서 살펴보겠습니다.

지출통장 & 체크카드

　지출통장의 목적은 생활비를 관리하고 줄이는 데 있습니다. 먼저 매월 평균적으로 얼마만큼의 생활비가 필요한지 계산해야 합니다. 이를 위해 최근 3~6개월 동안의 생활비 세부 내역을 정리하면서 자신의 소비 습관을 파악해야 합니다. 그렇게 정리한 것을 바탕으로 최소 생활비를 계산한 다음 지출통장으로 그 금액만큼만 이체하고 그 한도 내에서 생활해야 합니다. 이런 습관은 먼저 저축하고 나중에 소비하는 습관을 기를 수 있고, 여윳돈을 빠르게 만들 수 있는 가장 좋은 방법입니다.

　지출통장을 만들었다면 이제 체크카드를 만들어야 합니다. 체크카드는 통장에 있는 금액 이상 소비를 할 수 없기 때문에 자동으로 과소비를 방지할 수 있습니다. 통장의 잔액을 자주 확인하면 남은 금액과 소비 금액을 한눈에 볼 수 있습니다. 지출통장은 자동으로 가계부를 작성하는 것과 같습니다. 이렇게 만들어 놓으면 필요 이상의 지출을 줄일 수 있습니다.

지출의 적, 신용카드

　연말정산 소득공제를 생각한다면 신용카드와 체크카드를 적절히 나누어 사용하는 것이 중요합니다. 카드 사용금액이 총 급여의 25%를 넘어야 연말정산을 받을 수 있기 때문입니다. 예를 들어 연봉

4,000만 원인 사람은 총급여의 25%인 1,000만 원 이상부터 혜택을 받을 수 있습니다.

연말정산 소득공제율은 신용카드 15%, 체크카드 30%입니다. 연봉 4,000만 원인 사람이 1,000만 원까지는 신용카드를 사용해서 할인을 받고, 그 이후부터는 체크카드를 사용해서 30%의 소득공제를 받는다면 이상적인 소비를 한 것처럼 보입니다.

하지만 신용카드는 소비를 부추길 수 있습니다. 1만 원을 할인받기 위해 10만 원을 더 소비하게 되는 것이 신용카드입니다. 예를 들어 10만 원을 쓰고 1만 원을 할인받았다면 9만 원을 소비한 것입니다. 하지만 할인받지 않고 소비도 하지 않는다면 9만 원을 아끼는 것이기 때문에, 훨씬 더 현명한 선택입니다. 체크카드를 주로 사용한다면 할인은 받지 않지만 소비를 줄이는 현명한 선택을 할 수 있습니다.

★ 신용카드 vs 체크카드 소득공제 비교		
	신용카드	**체크카드**
연말정산	카드 소비금액이 총 급여의 25%를 초과할 때	
공제비율	15%	30%
공제한도	신용카드 + 체크카드 = 300만 원	
비교	포인트 혜택	적정 소비

비상금통장

수입 전부를 생활비와 예금, 적금, 주식 & 부동산 투자로 사용하는 포트폴리오를 만들면 문제가 생깁니다. 살다보면 갑작스러운 사고나 경조사비, 세금처럼 급하게 돈이 필요할 때가 있습니다. 이럴 때는 예금, 적금, 주식 같은 현금화가 쉬운 상품을 중간에 찾아서 써야 합니다. 하지만 예금을 해지하면 이자 손실이 발생하고, 주식 같은 경우에는 원금을 손해 보는 경우도 생길 수 있습니다. 이때 필요한 것이 바로 비상금통장입니다.

비상금통장에는 자신의 한 달 수입 혹은 생활비의 3배 정도를 넣어두면 충분합니다. 사실 비상금통장에 넣어두는 금액은 중요하지 않습니다. 한번 마련한 비상금은 정말 비상시에만 사용하는 것이 더 중요합니다. 매월 일정 금액을 비상금통장에 이체해서 목표 금액을 만들어 놓으시기 바랍니다. 비상금을 사용한 후에는 다시 그 금액만큼 보충하는 식으로 비상금통장을 관리하면 됩니다. 비상금통장은 증권사의 CMA통장을 사용하는 것이 좋습니다. 필요할 때마다 출금할 수 있으면서도 상대적으로 높은 금리를 주기 때문입니다.

재테크통장

월급통장, 지출통장, 비상금통장을 만들었다면 이제 투자를 위한 돈을 모아야 합니다. 재테크통장을 별도로 만드는 것입니다. 재테크

통장을 만들어 일정 금액을 이체해놓고, 그 돈을 예금, 적금, 주식, 펀드와 같이 다양한 곳에 투자하면 됩니다. 재테크통장은 자신의 월급(수입) 50% 이상을 저축하는 것과 포트폴리오를 잘 짜는 것이 중요합니다. 재테크통장을 만들고 나면 이제 어떤 재테크 상품이 나에게 맞는지 공부하고 고민한 다음 잘 선택해서 투자해야 합니다.

생각을 키우는 Q

신용카드와 체크카드 중 무엇을 더 자주 사용하고 있나요?

03

굴릴수록 커지는 복리의 마법

#금리 #단리 #복리의 마법 #스노우볼
#시작은 작지만 끝은 위대하다

복리는 재테크에서 매우 큰 힘과 영향력을 가지고 있습니다. 최고의 물리학자였던 아인슈타인도 복리를 인류가 발명한 가장 위대한 발명품이라고 이야기할 정도였습니다. 수많은 부자와 재테크 달인들 역시 복리를 활용하라고 적극적으로 추천합니다. 도대체 복리가 무엇이기에 위대하다고 하고 재테크에 적극적으로 활용하라고 하는 걸까요?

단리와 복리의 차이는?

　단리는 원금에 이자를 더해 계산하는 방식을 말합니다. 복리는 원금과 이자를 합친 금액에 다시 이자를 더하는 계산 방식입니다. 복리 계산 방식이 단리보다 원금을 더 크게 만들 수 있습니다. 물론 이를 큰 차이가 없는 것으로 생각하고, 중요하게 여기지 않는 경우도 많습니다. 하지만 복리를 이해하고 응용해야 재테크 종착역에 더 빠르게 도착할 수 있습니다.

　먼저 단리를 예로 들어 설명해보겠습니다. 100만 원의 원금을 연이율 3%의 정기예금에 저축했을 경우 1년 후에는 원금의 3%인 3만 원의 이자수익이 생깁니다. 이와 같은 방식으로 다시 이자를 뺀 원금을 1년 동안 저축하면 1년 후 똑같이 3만 원의 이자수익이 생깁니다. 단리로 저축한다는 것은 원금에 붙는 이자를 제외하고 다시 원금만 저축하는 것입니다.

　복리의 경우도 처음에는 단리처럼 100만 원을 연이율 3%의 정기예금에 저축하면 1년 후 3만 원의 이자수익이 생깁니다. 하지만 복리는 단리와 다르게 이자 3만 원을 제외하는 것이 아니라 3만 원을 포함한 103만 원을 다음해에 저축하는 것입니다. 이럴 경우 같은 이자

율이라면 1년 후에는 30,900원의 이자수익이 생깁니다. 원금과 이자를 합쳐서 총 106만 900원이 생기는 것입니다. 이처럼 단리는 매년 같은 이자를 받지만, 복리는 단리보다 조금씩 더 많은 이자를 받을 수 있습니다.

복리의 마법, 알지만 왜 어렵지?

복리를 사용하면 처음에는 차이가 크게 나지 않습니다. 하지만 시간이 지날수록 그 차이는 기하급수적으로 벌어집니다. 단리는 시간이 지나도 돈의 증가 속도가 일정합니다. 하지만 복리는 시간이 지날수록 돈의 증가 속도가 가파르게 증가합니다. 이런 원리를 보고 아인슈타인이 복리를 인류의 가장 위대한 발명품 중 하나라고 평가한 것입니다.

대다수 사람들은 저축을 하고 얻은 이자를 바로 쓰지는 않습니다. 더욱더 많은 원금을 추가해서 다시 저축합니다. 하지만 이런 노력에도 사람들은 돈이 늘어나는 속도가 너무 느리다고 생각합니다. 그래서 복리의 마법이 작동하지 않는다고 생각하게 됩니다.

하지만 복리 그래프에서는 구간을 비교하는 것이 중요합니다. 초창기에 복리와 단리의 차이는 매우 작습니다. 이 구간은 아무리 복리 투자를 열심히 해도 속도가 나지 않는 복리 암흑기에 해당합니다. 하지만 시간이 지나면 수익률의 기울기가 눈에 띄게 벌어집니다. 일정 시간이 지나고 나서야 복리의 마법이 작동하는 것입니다. 반대로

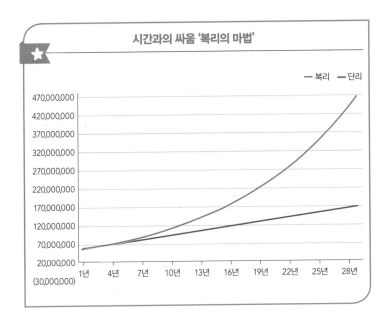

말하면 일정 시간 이전에는 복리의 마법이 작동하지 않는다고 말할 수 있습니다.

복리의 마법이 작동하기 위해서는 최소 10년에서 길게는 30년 이상이 걸릴 수 있습니다. 그래서 대박을 노리고 수익률이 높은 투자 상품을 찾아 헤매기도 합니다. 물론 그렇게 노력해서 대박을 터트릴 수도 있지만, 그렇지 못하고 실패할 확률이 더 높습니다. 무엇이 더 현명한 선택인지는 여러분이 판단해야 할 몫입니다.

04

예금과 적금 무엇을 할까?

#예금과 적금 #적금 풍차돌리기 #장기 vs 단기

재테크에 가장 안전하게 첫걸음을 내딛는 방법은 바로 예금과 적금에 가입하는 것입니다. 적금은 매월 정해진 금액을 일정 기간 은행에 저축하는 것입니다. 매달 월급을 받는 직장인들은 강제(?) 저축을 위해 필수적으로 적금에 가입해야 합니다. 지출을 줄이고 저축을 늘리기 위해서 적금은 월급날 자동이체하는 것이 가장 합리적입니다.

예금은 자유롭게 입출금을 할 수 있는 자유예금과 일정 금액을 일정 기간 은행에 강제(?)로 맡겨두는 정기예금 두 가지가 있습니다. 당연히 정기예금이 높은 금리를 받을 수 있습니다. 수입이 들쭉날쭉 일정하지 않아서 적금을 넣기 어려운 자영업자나 프리랜서에게 좋은 상품입니다.

이자에 속지 말자

적금이나 예금에 가입할 때는 금리가 다소 낮더라도 1년 단위로 가입하는 것이 더 유리합니다. 높은 금리를 받지 말라니 이게 무슨 이상한 소리인지 궁금하실 것입니다. 적금과 예금 상품에 가입하기 위해 은행 상품을 살펴보다 보면 가입 기간이 길수록 금리가 높다는 것을 알게 됩니다. 그래서 당연히 조금이라도 높은 금리를 주는 장기간 상품에 가입하는 경우가 많습니다.

하지만 여기에 함정이 있습니다. 3년이나 5년이라는 목표를 채우지 못하는 경우가 생길 수 있기 때문입니다. 큰 금액을 매달 저축하기 힘든 상황이 오거나 갑자기 큰돈이 필요할 때 예금이나 적금 상품을 중간에 해지하면 이자를 다 받을 수 없습니다. 수수료까지 지급하면 손해를 보는 경우도 생깁니다.

그러나 금액을 나누어 1년 단위로 예금이나 적금에 가입한다면 이야기는 달라집니다. 매달 저축하기 힘들면 자신의 상황에 맞게 상품의 수를 줄이면 됩니다. 목돈이 필요하면 모두 해지하지 않고 필요한 만큼만 해지하면 일부만 손해 보고 일부는 안전하게 이자 수익을 가져갈 수 있습니다.

적금과 예금 풍차 돌리기

금액을 나누어서 1년 단위로 더 효율적으로 굴리기 위해서 생겨난 저축 방법이 있습니다. 그것은 바로 '적금과 예금 풍차 돌리기'입니다. 매월 소액의 적금통장을 1개씩 만들어 1년에 총 12개의 통장을 풍차처럼 돌리는 저축 방법입니다. 예를 들자면 매월 10만 원짜리 적금통장을 만드는 방법이 있습니다. 첫 번째 달은 10만 원 적금통장 1개, 두 번째 달은 10만 원 적금통장 2개, 세 번째 달은 10만 원 적금통장 3개… 이렇게 매달 같은 금액의 1년짜리 적금통장을 1개씩 만드는 것입니다.

이렇게 1년이 지나고 2년 차가 되면 매달 적금이 만기됩니다. 이때부터는 만기가 1년인 예금통장을 만들면 됩니다. 이때 적금의 원금과 이자뿐만 아니라 매달 같은 금액을 추가해서 저축합니다. 이렇게 하면 금액은 계속해서 불어나게 됩니다. 예를 들어 매달 10만 원을 넣었던 1년짜리 적금 만기가 오면 원금 120만 원 + 이자와 다시 10만 원을 합친 금액으로 1년짜리 예금통장을 만드는 것입니다. 이런 방법으로 12달 동안 만기 1년짜리 예금통장을 만들면 12개의 예금통장을 가질 수 있습니다.

예금과 적금 풍차 돌리기는 이미 많은 재테크 고수들이 추천하는 저축 방법입니다. 처음 1년 동안의 힘든 기간을 거치고 나면 매달 원금과 이자를 받는 소소한 보람을 누릴 수 있으며, 이를 통해 자동으로 돈을 절약하고 저축하는 습관을 기를 수 있습니다. 또한 매년 반복하면 복리 효과도 누릴 수 있습니다.

만약 수입이 규칙적이지 않은 프리랜서나 자영업자라면 매달 적금과 예금을 하며 12개의 통장을 만들기가 부담스러울 것입니다. 이때는 상황에 맞춰 1년에 3~6개의 통장으로 예금과 적금 풍차 돌리기를 하면 됩니다. 12개 통장을 관리하기 부담스러운 직장인도 통장 개수를 조금 줄여서 실천할 수 있습니다. 가장 중요한 점은 최소 3년 이상 꾸준하게 실천해야 한다는 것입니다. 그래야 복리 효과를 누릴 수 있기 때문입니다.

⭐ 적금 풍차 돌리기

회차	1월	2월	3월	4월	5월	6월	7월	8월	9월	10월	11월	12월	합계
1개	100,000	100,000	100,000	100,000	100,000	100,000	100,000	100,000	100,000	100,000	100,000	100,000	1,200,000
2개		100,000	100,000	100,000	100,000	100,000	100,000	100,000	100,000	100,000	100,000	100,000	1,100,000
3개			100,000	100,000	100,000	100,000	100,000	100,000	100,000	100,000	100,000	100,000	1,000,000
4개				100,000	100,000	100,000	100,000	100,000	100,000	100,000	100,000	100,000	900,000
5개					100,000	100,000	100,000	100,000	100,000	100,000	100,000	100,000	800,000
6개						100,000	100,000	100,000	100,000	100,000	100,000	100,000	700,000
7개							100,000	100,000	100,000	100,000	100,000	100,000	600,000
8개								100,000	100,000	100,000	100,000	100,000	500,000
9개									100,000	100,000	100,000	100,000	400,000
10개										100,000	100,000	100,000	300,000
11개											100,000	100,000	200,000
12개												100,000	100,000

05

매일 이자를 받자 '**CMA통장**'

#CMA통장은 무엇일까? #돈이 알바하는 곳 CMA
#CMA통장 위험할까?

CMA통장은 금액이 적든 많든 단기자금이 있다면 넣어두고 관리하기 좋은 통장입니다. 예금과 적금이라는 곳에 돈을 출근시킨 다음에, 퇴근 후나 주말에도 아르바이트나 부업을 하게 만드는 곳이 바로 CMA통장입니다. CMA통장에서 돈이 쉴 시간(?)을 주지 않고 계속 일하게 만드는 것입니다.

　은행에 돈을 맡기면 일정 기간이 지나야 이자를 줍니다. 하지만 매일 이자를 지급해주는 통장이 있습니다. 바로 CMA통장입니다. 하루 이자를 받아봐야 얼마 되지 않을 수 있다는 생각을 할 수도 있습니다. 하지만 돈의 금액이 커지면 하루 이자도 결코 무시할 수 없습니다. 적은 금액을 잘 관리해야 큰 금액 역시 잘 관리할 수 있습니다.

CMA통장은 무엇일까?

CMA통장은 '종합자산관리계좌'를 말합니다. Cash(현금 or 자산) Management(관리) Account(계좌)의 약자로 자산이나 현금을 관리해주는 계좌라고 생각하시면 됩니다. CMA통장은 증권사나 시중은행에서 만들 수 있습니다. 은행의 자동화기기ATM나 인터넷뱅킹을 통해 자유롭게 입출금할 수 있고 계좌이체도 가능하며, 은행 계좌와 연계한 체크카드 발급도 가능합니다.

CMA통장의 가장 큰 특징은 하루만 맡겨도 이자를 지급하는 것입니다. 예를 들어 CMA통장 금리가 연 2%라고 한다면 하루에 0.0054794521%(연 2%×1/365)의 이자가 발생합니다. 물론 이자소득세 15.4%(소득세 14%+주민세 1.4%)를 제외하고 받습니다. CMA통장에 돈을 입금하고 하루가 지나 이자가 붙어 있는 모습을 보면 돈을 모으는 재미도 느낄 수 있습니다.

CMA통장에 입금하면 증권사나 은행은 돈을 보관만 하는 것이 아니라 다양한 곳에 투자합니다. CMA통장은 투자하는 종류에 따라 종금형, RPRepurchase Agreement형, MMFMoney Market Fund형, MMWMoney Market Wrap형 등 크게 4가지로 나뉩니다. 각자 장단점이 있기 때문에 잘 알아보고 선택해야 합니다.

먼저 종금형은 예금자 보호가 되는 대신 수익은 낮습니다. RP형은 확정 금리를 약속받는 안정적인 유형입니다. MMF형은 원금을 보장하지는 않지만, 운용 결과에 따라 더 높은 수익률을 기대할 수 있습니다. MMW형은 이자가 발생하면 원금과 이자를 같이 투자하

종류	특징
RP형	확정 금리로 안정적
MMF형	운용에 따라 수익이 다른 변동금리
MMW형	원리금(원금+이자)을 재투자
종금형	예금자보호법 적용

CMA통장의 종류

는 방식으로 복리 효과를 누릴 수 있습니다. 따라서 안정성을 원한다면 종금형 혹은 RP형을, 수익에 초점을 둔다면 MMF 혹은 MMW형을 만들면 됩니다.

CMA통장은 위험할까?

은행 예금은 5,000만 원까지 예금자 보호를 받습니다. 하지만 CMA통장은 종금형 이외에는 예금자 보호를 받지 못합니다. 그렇다면 CMA통장이 예금보다 위험한 것일까요? 사실 CMA통장이 더 안전할 가능성이 큽니다. 은행은 손님이 예금한 돈을 불특정 기업과 개인에게 빌려줍니다. 즉 위험이 큰 곳에 돈을 빌려주는 것입니다. 위험이 크기 때문에 법으로 보호를 받고 있다고 보시면 됩니다.

하지만 증권사는 CMA통장에 들어온 돈을 우량 채권 등에 투자합니다. 투자하는 대상은 신용등급이 매우 높은 대기업이나 공기업, 공공기관입니다. 이들의 신용도는 은행이나 증권사보다 훨씬 높습니다. CMA통장의 돈은 위험이 굉장히 낮은 곳에 투자하기 때문에 법으로 보호하지 않아도 될 정도로 안전합니다.

생각을 키우는 Q

어디서 CMA통장을 만들면 좋을까요?

06

돌다리도 두드리자 '저축은행'

#저축은행 안전? #저축은행 정보는 어디?
#가지급금은 무엇?

시중 은행 금리가 낮아서 이자가 조금이라도 더 높은 저축은행을 찾아가는 사람들이 많습니다. 저축은행이 시중 은행보다 금리가 높다는 것은 분명 장점입니다. 하지만 저축은행은 엄밀히 말하자면 일반 은행과 같은 종류의 은행이 아닙니다. 그러므로 저축은행에 돈을 맡길 때는 신중한 자세로 더 많은 부분을 꼼꼼히 살펴야 합니다.

2011년에 여러 저축은행이 예금을 돌려주지 못해 집단으로 영업 정지된 사건이 있었습니다. 사람들은 저축은행이 '은행'이니까 당연히 안전하다고 생각했고, 이자도 높았기 때문에 믿고 돈을 맡겼습니다. 물론 저축은행이라고 모두 위험한 것은 아닙니다. 잘 활용한다면 조금 더 높은 금리를 받을 수 있습니다. 그렇다면 여러분의 소중한 돈을 맡길 때 어떤 기준을 가져야 하는지 살펴보겠습니다.

저축은행을 비교하고 골라보자

저축은행도 보통예금, 저축예금, 정기예금, 정기적금, 신용부금 등의 예금은 보호받을 수 있습니다. 그러나 저축은행 발행채권 같은 후순위 채권은 예금자 보호를 받지 못합니다. 예금보험공사(www.kdic.or.kr) 홈페이지에 예금자 보호가 되는 금융상품들이 자세히 나와 있으니 가입하거나 추천받은 상품이 예금자 보호를 받을 수 있는지 꼭 확인해야 합니다.

저축은행중앙회(www.fsb.or.kr) 사이트에 들어가면 저축은행의 다양한 정보를 얻을 수 있습니다. 저축은행별 금리와 다양한 상품에 대한 정보를 한눈에 파악할 수 있습니다. 여기에서 내가 거래하는 저

★ 상호저축은행의 예금자 보호 제도

보호금융상품	비보호금융상품
· 보통예금, 저축예금 정기예금, 정기적금, 신용부금, 표지어음 · 예금 보호 대상 금융상품으로 운용되는 확정기여형퇴직연금제도 및 개인형퇴직연금제도의 적립금 · 상호저축은행중앙회 발행 자기앞수표 등	· 저축은행 발행채권(후순위채권) 등

축은행이 안전한지를 꼭 살펴봐야 합니다. 예금자 보호를 받을 수 있더라도, 만약 그 은행이 파산한다면 돈을 돌려받기까지 많은 스트레스를 받을 수 있습니다. 그러므로 가능하다면 조금이라도 안전한 곳에 돈을 맡겨야 합니다.

저축은행을 비교할 때 가장 먼저 확인해야 할 부분은 '자기자본비율'입니다. 자기자본비율이란 총자산 중 자기자본이 얼마인지 가늠하는 지표를 말하며, 비율이 높을수록 안전합니다. 예를 들어, 통장에 들어 있는 1,000만 원 중 800만 원은 내 돈이고 200만 원은 친구의 돈이라면 자기자본비율은 80%입니다. 이는 저축은행중앙회 사이트의 첫 화면 중 저축은행공시 > 경영공시 > 요약공시 부분에서 확인할 수 있습니다.

회사의 영업 상황인 '당기순이익'** 역시 잘 살펴봐야 합니다. 이 지표를 통해 저축은행이 돈을 벌고 있는지 손실이 나고 있는지 확인할 수 있습니다. 돈을 꾸준히 벌고 있다면 그 저축은행은 당연히 안전할 것입니다. 그러므로 1년이 아니라 3년 이상 꾸준히 확인하는 것이 좋습니다. 수익을 내지 못하고 있거나 불규칙적인 모습을 보인다면 위험한 저축은행이라 할 수 있습니다.

당기순이익

기업이 일정기간 얻은 수익에서 지출한 모든 비용을 공제하고 순수하게 이익으로 남은 몫

가지급금과 개산지급금은 무엇?

예금자 보호 상품은 저축은행이 돈을 돌려주지 못하는 경우에도 5,000만 원까지 보호됩니다. 하지만 돈을 받기까지 시간이 걸릴 수 있습니다. 이 기간에 급하게 돈이 필요하면 '가지급금'을 예금보험공사에 신청해 일부 금액을 미리 받을 수 있습니다. 받을 수 있는 금액은 사고 발생 후 예금보험위원회에서 정합니다. 물론 예금보호공사는 1인당 5,000만 원 중에서 미리 받은 금액인 '가지급금'을 제외한 나머지 금액을 나중에 지급합니다.

그렇다면 5,000만 원이 넘는 금액은 어떻게 하면 될까요? 이 부분도 예금보험공사에서 '개산지급금'을 통해 일부 금액을 미리 받을 수 있습니다. 은행이 파산 절차에 들어가면 예금을 찾기 위해 기다리는 시간이 길어집니다. 이런 상황이 발생하면 금전적인 손해는 물론 정신적으로도 매우 힘들어집니다. 이런 부작용을 최소화하기 위해 예금보험공사에서 파산 절차 후 배당받을 금액을 예상해서 미리 지급해주는 제도를 운영하고 있습니다.

생각을 키우는 Q

저축은행은 정말 은행과 같은 것일까요?

07

재테크의 만능 통장 '청약통장'

#청약통장은 무엇? #청약통장 좋아?
#빨리 가서 만들자!

가장 먼저 만들어야 하는 통장이 있다면 어떤 통장일까요? 바로 '청약통장'입니다. 그 이유는 청약통장이 '만능' 통장으로 불릴 만큼 여러 가지 장점을 갖고 있기 때문입니다. 청약통장을 가장 먼저 만들어야 하는 3가지 이유가 있습니다. 첫째, 주택 청약 신청에 사용하면 신규 분양을 받을 수 있습니다. 둘째, 소득공제 혜택이 있습니다. 셋째, 일반 통장보다 금리가 높습니다.

청약통장의 정식 명칭은 '주택청약종합저축'입니다. 청약통장은 나이 제한 없이 누구나 9개의 은행(KB국민은행, 우리은행, 신한은행, 하나은행, IBK기업은행, 농협은행, 대구은행, 부산은행, 경남은행)에서 가입할 수 있습니다. 만능 통장인 만큼 모든 은행에 1개씩 계좌를 만들면 좋겠지만 모든 은행을 통틀어 1인 1계좌로 가입이 한정되어 있습니다.

재테크의 만능 통장 '청약통장'

아파트 분양을 받으려는 사람이 많을 때는 몇 가지 가점 기준을 통해 당첨자를 선발합니다. 그 기준 중 하나가 바로 청약통장입니다. 기본적으로 청약통장에 가입한 지 1년이 넘어야 하고, 매월 최소 2만 원 이상의 금액을 총 12회 이상 내야 합니다. 가입 기간에 따라 점수가 결정되기 때문에 일찍 가입할수록 더 유리합니다. 그러므로 청약통장은 일찍 만들어서 미래에 대비하는 것이 좋습니다.

청약통장의 가장 큰 매력은 소득공제 혜택입니다. 매월 20만 원씩 저축한다면 최고 96만 원의 금액을 공제받을 수 있기 때문입니

연말정산 소득공제 혜택 : 주택도시기금	
대상자	총 급여액이 7천만 원 이하 근로자인 무주택 세대주(세법에서 정한 대상자)
소득공제 조건	과세연도 12월 31일까지 가입은행에 '무주택 확인서'를 제출한 자
소득공제 한도	해당 과세연도 납부분(연간 240만 원 한도)의 40%(96만 원 한도)
추징 대상	① 가입일로부터 5년 이내 해지 시(예외: 해외 이주 85m²이하 당첨 해지 등) ② 국민주택 규모(85m²)를 초과하는 주택에 당첨된 자(기간 제한 없음)
추징 금액	무주택 확인서를 제출한 과세연도부터 이후에 납입한 금액(연간 240만 원 한도) 누계액의 6%

다. 이 혜택을 받기 위해서는 우선 총급여액이 7,000만 원 이하인 근로자이자 무주택 가구주여야 합니다. 가입 은행의 영업점이나 인터넷뱅킹, 은행 어플을 통해 무주택 확인서를 제출하면 됩니다. 조건을 충족한다면 연간 납입액 중 최고 240만 원의 40%인 96만 원을 공제받을 수 있습니다. 하지만 가입 후 5년 이내에 해지하거나, 국민주택(85m²) 규모를 초과하는 주택에 당첨되면 추징세액이 부과될 수 있습니다.

청약통장은 꼭 주택을 구매하는 사람만을 위한 통장은 아닙니다. 이자가 예금과 적금보다 상대적으로 높기 때문에 재테크를 위한 용도로도 사용할 수 있습니다. 변동 금리이기 때문에 한국은행의 기준금리가 변동되면 청약통장 금리도 같이 바뀝니다. 또한 청약통장은 가입 기간에 따라 금리가 상승합니다. 현재 2년 이상 가입 시 연 1.8%의 금리 혜택을 받을 수 있습니다.

청년우대형 청약통장

청년이라면 청년우대형 청약통장에 꼭 가입해야 합니다. 청약과 소득공제 혜택은 그대로 받으면서 이자 우대 1.5%를 더 받을 수 있기 때문입니다. 가입 후 1달 이내는 무이자이지만, 1년 미만은 2.5%이고, 1년 이상 2년 미만은 3.0%, 2년 이상 1년 미만은 3.3%를 받습니다. 10년 초과 시에는 1.8% 혜택을 받을 수 있습니다. 높은 금리를 주는 만큼 2021년 12월 31일 이후로는 가입할 수 없으니 청년이라면 서둘러 가입해야 할 통장입니다.

 가입 조건은 만 19세 이상 만 34세 이하로 전년도 신고소득이 연소득 3,000만 원 이하인 사람입니다. ① 본인이 무주택인 세대주, ② 본인이 무주택이며 가입 후 3년 내 세대주 예정자, ③ 무주택 세대의 세대원, 이 세 조건 중 한 가지 조건을 만족해야 합니다. 다만, ①, ②의 세대주 조건은 3개월 이상 유지되어야 합니다. 기존에 가입한 청약통장이 있다면 청년우대형으로 전환할 수도 있습니다.

청년우대형 청약통장

청약저축 가입기간	1개월 이내	1개월 초과 ~1년 미만	1년 이상 ~2년 미만	2년 이상
2003.03.03~2006.02.23	무이자	연 2.5%	연 5.0%	연 6.0%
2006.02.24~2012.12.20	무이자	연 2.5%	연 3.5%	연 4.5%
2012.12.21~2.13.07.21	무이자	연 2.0%	연 3.0%	연 4.0%
2013.07.22~2014.09.30	무이자	연 2.0%	연 2.5%	연 3.3%
2014.10.01~2.15.02.28	무이자	연 2.0%	연 2.5%	연 3.0%
2015.03.01~2015.06.21	무이자	연 1.8%	연 2.3%	연 2.8%
2015.06.22~2015.10.11	무이자	연 1.5%	연 2.0%	연 2.5%
2015.10.12~2016.01.03	무이자	연 1.2%	연 1.7%	연 2.2%
2016.01.04~2016.08.11	무이자	연 1.0%	연 1.5%	연 2.0%
2016.08.12~현재	무이자	연 1.0%	연 1.5%	연 1.8%

08

신용이 돈이다

#신용등급 올리기 꿀팁 #한도보다 낮게 사용
#신용등급 무료 조회하자

우리가 은행에서 거래할 때 개인의 신용에 따라 대출 금액과 이자가 달라집니다. 물론 가능하면 대출을 받지 않는 것이 제일 좋습니다. 하지만 학자금, 전세 자금, 주택 구매, 자동차 구매처럼 큰돈이 필요한 경우에는 대출을 받아야 합니다. 대출금이 적다면 이자 1~2% 차이가 그렇게 크게 느껴지지 않습니다. 하지만 대출금이 몇천만 원을 넘어가면 이야기가 달라집니다.

현재 개인 신용평가를 수행하는 신용조회사[*](NICE 평가정보, KCB)에서는 약 4,515만 개인의 신용등급을 생산하여

 신용조회사

CB:Credit Bureau, 신용정보원·금융회 등에서 모든 국민의 신용정보를 수집하여 개인의 신용위험도를 평가, 등급화하여 금융기관에 제공한다.

금융기관에 제공하고 있습니다. 개인 신용등급은 1등급부터 10등급까지로 1~2등급은 우량, 3~6등급은 일반, 7~8등급은 주의군, 9~10등급은 위험군으로 분류됩니다.

신용등급 올리기 꿀팁

신용등급은 은행 거래 시에 영향을 미치기 때문에 높을수록 좋습니다. 신용등급을 어떻게 관리해야 하는지 살펴보겠습니다. 가장 먼저 신용등급 점수에 영향을 주는 두 가지를 알아야 합니다.

첫 번째는 신용카드 사용대금을 제때 갚는 것입니다. 신용카드로 물건을 사거나 대출을 받았다면 그에 따른 비용과 이자를 제때 갚아야 점수를 높일 수 있습니다. 두 번째는 신용 여력으로 소득과 지출이 높을수록 높은 점수를 받을 수 있습니다.

신용카드를 만들어서 사용할 때 일시불과 할부 금액을 모두 잘 갚고 있다면 신용 점수에는 이상이 없습니다. 주의할 점은 '한도'입니다. 종종 신용카드를 쓰는 습관을 줄이기 위해 한도를 확 줄여달라고 카드사에 요청하기도 합니다. 하지만 이 방법은 신용등급에 나쁜 영향을 줄 수 있습니다. 신용카드 한도를 꽉 채워서 사용하면 신용 점수에 나쁜 영향을 미칠 수 있기 때문입니다.

예를 들어, A라는 사람이 신용카드 한도가 100만 원인데 그 100만 원을 거의 다 썼을 경우에는 위험한 상황이라고 판단합니다. 하지만 카드 한도가 200만 원이면 똑같이 100만 원을 썼더라도 괜찮다고 판단합니다. 한도의 반만 사용했기 때문입니다. 한도액을 넉넉히 설정해 놓은 다음 소득에 맞게 소비하면서 잘 갚아야 신용 점수를 높이는 데 도움이 됩니다.

한편 사용하는 신용카드 개수는 신용등급에 영향을 미치지 않습니다. 하지만 친구나 지인의 권유로 신용카드를 많이 만들었다가 해지하고 싶을 때가 있습니다. 이때 가능하면 최근에 발급한 것부터 해지하는 것이 좋습니다. 오래 사용한 신용카드에는 그동안 잘 갚아온 이력이 남아 있기 때문입니다. 오래된 카드를 해지하면 그 기록도 같이 사라지기 때문에 신용 점수에 나쁜 영향을 줄 수 있습니다.

마이너스통장을 사용한다면 한도를 높이는 것이 좋습니다. 한도에 가깝게 3개월 이상 사용하면 연체 가능성이 크다고 보고 신용등급을 낮출 수 있기 때문입니다. 300만 원짜리 마이너스통장에서 280만 원을 사용한 후 3개월 이상 갚지 않으면 신용등급에 악영향을 주게 됩니다. 한도 1,000만 원에서 280만 원을 찾아서 사용하는 것이 신용등급에 훨씬 유리할 수 있습니다. 참고로 돈을 급하게 빌려 써야 한다면 현금서비스보다는 마이너스통장에서 쓰는 것이 신용등급에는 더 도움이 됩니다.

대출을 갚을 때 이자가 높거나 큰 금액부터 정리해야 한다고 생각할 수 있습니다. 하지만 연체가 발생했다면 오래된 대출 먼저 갚는 것이 좋습니다. 신용등급은 연체 금액의 크기도 중요하지만, 연체 기간이 더 중요하기 때문입니다.

신용등급, 무료로 조회하자

신용등급을 조회하기만 해도 점수가 떨어진다는 오해가 있습니다. 2011년 10월부터 신용조회기록 정보가 개인 신용평가에 반영되지 않도록 변경되었습니다. 그러니 신용 점수 조회는 걱정 없이 하셔도 됩니다. 최근에는 다양한 곳에서 무료로 신용등급을 조회할 수 있으니 적극적으로 사용하는 것이 좋습니다.

올크레딧KCB 혹은 나이스 지키미 사이트에서 자신의 신용등급, 신용 정보를 1년에 3회 무료로 조회할 수 있습니다. 1~4월, 5~8월, 9~12월 각 기간에 1회씩 무료로 신용 정보를 조회할 수 있습니다. 카카오뱅크와 토스에서도 올크레딧과 제휴를 맺고 신용등급 조회 서비스를 무료로 제공하고 있기도 합니다. 스마트폰에 카카오뱅크나 토스 애플리케이션을 설치해 가입하면 바로 사용할 수 있습니다. 자신의 신용정보 명세를 비롯해 카드, 대출, 연체 보유 현황을 한눈에 파악할 수 있어 유익합니다. 또한 등급이 변동되면 알림을 보내주기 때문에 내 등급을 지속적으로 관리할 수 있게 도와주기도 합니다.

생각을 키우는 Q

신용등급을 수시로 확인하고 있나요?

_____

_____

가치투자의 스승과 제자, 벤저민 그레이엄과 워런 버핏

가치투자의 스승, 벤저민 그레이엄

벤저민 그레이엄Benjaim Graham 은 가치투자의 선구자이자, 증권 분석의 창시자로 워런 버핏Warren Buffett의 스승으로도 유명합니다. 버핏은 그레이엄의 저서인《현명한 투자자》,《증권 분석》을 가장 좋아하는 책으로 꼽습니다. "지금까지 출간된 투자에 관한 책 가운데 가장 뛰어나며 월스트리트 투자자들이 필독해야 한다"라고 말했을 정도입니다.

벤저민 그레이엄은 '가치투자'의 개념을 처음 만들었습니다. 지금은 너무나 유명해서 누구나 한 번쯤 들어보았을 '펀더멘탈', '안전마

진', '내재가치' 등이 그레이엄이 고안해낸 개념입니다. 아무런 기준 없이 투자가 이루어지던 시대에 PER, PBR 같은 명료한 지표를 사용하기 시작한 것도 그레이엄입니다.

그레이엄은 1929년 경제대공황을 겪은 세대입니다. 그는 수많은 투자자들이 무너지는 것을 직접 눈으로 목격하면서 투자 시 돈을 잃지 않을 전략을 생각하기 시작했습니다. 그래서 이미 상승한 주식보다는 상승하지 않은 주식을 찾았습니다. 모든 자산을 매각하고 모든 부채를 청산해도 여전히 남는 것이 있는 기업, 주가에 이익이 다 반영되지 않은 저평가 종목을 찾았습니다. 그리고 그는 안전마진을 확보해야 한다고 강조했습니다. 채권 수익률과 주당 순이익(EPS: 순이익/주식수) 등 기업수익을 비교해서 채권에 이자를 지급하고도 돈이 남아야 한다고 봤습니다.

그의 투자 방식은 한국 주식 시장에도 유효한 것으로 증명되었습니다. 그레이엄의 전략을 토대로 종목을 선정해 모의 투자한 결과 누적 수익률 기준으로 코스피200 지수의 수익률보다 두 배 가까이 높은 결과가 나왔습니다. 2002년 이후부터 2018년 2월까지 그레이엄 전략의 누적 수익률은 433%였고, 같은 기간의 코스피200 지수는 253%로 나타났습니다.[1]

가치투자의 대가, 워런 버핏

투자의 귀재이자 억만장자인 워런 버핏은 세계에서 가장 성공적인 투자자로 알려져 있습니다. 버핏은 '가치투자'로 시장에 새로운 획을 그었습니다. 가치투자란 단기적인 시세차익을 노리지 않고 기업의 내재가치와 성장률에 주목해 우량기업의 주식을 매수한 다음 수십 년간 보유하는 투자방식입니다. 버핏은 코카콜라, 아메리칸 익스

프레스, 질레트, 워싱턴 포스트 등 가치 있는 기업의 주식을 사서 장기 보유하면서 수익을 냈습니다.

버핏은 연평균 20% 투자 수익률을 목표로 투자를 했습니다. 덕분에 45년에 걸쳐 연평균 약 30%에 가까운 기록적인 투자 수익률을 거두었습니다. 50% 이상의 수익률을 올린 해는 한 번도 없었지만, 버핏은 한때 세계 두 번째 부자에 오르기도 했습니다. 1990년대 후반 벤처붐이 일면서 기술주의 주가가 치솟았을 때 "수익성이나 성장성이 검증되지 않았다"며 투자를 거부한 일이 화제가 되기도 했습니다.

투자의 귀재는 돈과 정보가 모이는 금융 중심지인 월스트리트의 비싸고 멋진 건물에서 시장을 호령할 것 같은 느낌이 듭니다. 하지만 버핏은 그와는 정반대의 삶을 살고 있습니다. 버핏의 별명은 '오마하의 현인Oracle of Omaha'입니다. 고향인 미국 내브래스카주의 오마하에 살면서 수십 년 동안 투자회사 버크셔 해서웨이를 성공적으로 운영해 왔기 때문입니다. 하지만 그는 누구보다 밝은 혜안과 통찰력을 바탕으로 시장을 꿰뚫어 보고 있습니다.

버핏은 "남들이 욕심을 낼 때 두려워하고, 남들이 두려워할 때 욕심을 내라", "10년 이상을 볼 것이 아니면 10분도 갖고 있지 마라", "잠자는 동안에도 돈이 들어오는 방법을 찾아내지 못한다면 당신은 죽을 때까지 일을 해야만 할 것이다" 등 수많은 명언들을 남겼습니다.

버핏은 하루에 500페이지씩 책을 읽을 때도 있다고 알려진 소문난 독서가입니다. "당신은 독서보다 더 좋은 성공의 비결을 찾을 수 없을 것이다"라고 말했을 정도로 독서를 자신의 성공비법 중 하나로 꼽고 있습니다. 시장 중심의 사고에서 벗어나 독서를 통해 얻은 통찰력으로 진정한 가치를 꿰뚫는 그의 투자방식을 곰곰이 생각해볼 필요가 있습니다.

2

자본주의와
투자의 꽃, 주식

01

자본주의와
투자의 꽃 '주식'

#주식은 위험해? #주식 어떻게 접근하지?

우리는 자본주의 사회에 살고 있습니다. 자본주의는 투자, 혁신, 성장과 같은 영양분을 먹고 자라는 나무와 같습니다. 자본주의 나무는 무럭무럭 자라서 꽃을 피우고 달콤한 열매를 맺기도 합니다. 이 중에서도 꽃에 해당하는 부분이 주식입니다. 달콤한 열매는 꽃을 통해서 나오는 수익입니다.

열매 속에 씨앗이라는 돈을 다시 자본주의라는 땅에 심어 투자, 혁신, 성장과 같은 영양분을 준다면, 다시 주식이라는 꽃을 피워 달콤한 열매를 우리에게 선물할 것입니다. 이런 자본의 순환 과정에서 단순히 돈을 투자한 사람만 수익을 가져가는 것은 아닙니다. 전체적으로 더 많은 열매를 얻을 수 있으므로 나의 몫과 다른 사람의 몫이

동시에 증가할 수 있습니다. 이런 시스템을 잘 활용한다면 우리의 삶은 더욱더 풍요로워질 것입니다.

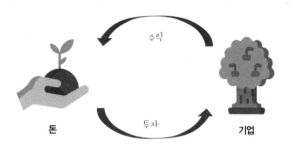

주식 투자의 선순환

모든 재테크의 기본과 시작

주식 투자는 기본적으로 고위험 고수익 투자 방법입니다. 예·적금과 다르게 원금 보장이 되지 않습니다. 그래서 많은 사람들이 주식 투자를 해서 손해를 보기도 합니다. 주식으로 손해를 봤다는 사람들의 이야기를 듣고 나면 덜컥 겁부터 납니다. '주식 투자는 위험하니까 절대 하지 말아야지'라고 생각할 수도 있습니다.

그러나 모든 재산을 주식에 투자하는 것도 위험하지만, 주식 투자를 전혀 하지 않는 것도 위험합니다. 주식을 하지 않으면 우리가 사는 자본주의 시스템이라는 현실에서 돈이 어떻게 돌아가는지 알기 어렵기 때문입니다. 은행과 증권사에서 파는 다양한 투자 상품은 '주식'을 기본으로 하고 있습니다. 그러므로 주식을 전혀 모르고 재테크를 하는 것은 자본주의 사회에서 눈뜬장님으로 사는 것이나 다름없습니다.

처음 주식 투자를 시작하는 사람이라면 '대박을 터트려야지'라는 생각보다는 '경제 공부'를 한다는 생각으로 접근해야 합니다.

먼저 주식 공부에 자신이 낼 수 있는 수업료를 정합니다. 수업료는 자신의 수입에 따라 50만 원이 될 수도 있고, 수백만 원이 될 수도 있습니다. 처음부터 자신감이 넘쳐 너무 많은 금액을 수업료로 지불하면 안 됩니다. 수업료를 내고 나서도 나의 평소 소비와 저축에 전혀 문제가 없어야 합니다.

이제 수업료를 가지고 인터넷이나 책을 찾아보면서 2~3개 주식을 소량만 매수해봅니다. 주식을 매수한 후에는 주식을 구매한 기업에 대해서 궁금한 점이 점점 늘어날 것입니다. '돈을 잘 벌고 있나? 어느 나라에 수출하고 있나? 기업의 규모는 크고 안전한가? 앞으로 경제가 좋아지면 회사도 같이 좋아질까?' 등 기업과 경제 환경에 관심이 가기 시작할 것입니다. 자신의 돈이 들어가 있으니 자동으로 관심이 가는 것입니다. 이때부터 자신이 궁금한 내용을 목록으로 만들어 정리합니다. 그리고 다양한 책과 영상을 찾아보면서 궁금한 내용을 천천히 공부해 나가면 됩니다. 수업료를 냈으니 공부가 시작된 것입니다.

기업의 주인 '주주'

주식을 매수한다는 것은 기업의 주인인 '주주'가 되는 것입니다. 기업의 중요한 결정에 참여할 수 있는 것은 물론 주주로서의 다양한 권리를 얻습니다. 경영에서 이익이 발생하면 배당도 받을 수 있습니다. 물론 모두가 경영에 참여할 수 없기 때문에 유능한 경영자를 뽑아서 기업의 경영을 맡깁니다. 기업에 투자한 '주주'는 경영자를 고용하여 발생하는 이익이라는 열매를 가져가는 것입니다.

좋은 기업에 돈을 투자하면 누군가 내가 투자한 기업에서 열심히 일을 합니다. 단순히 나의 이익만 생기는 것이 아닙니다. 여러 사람에게 일할 기회도 생기는 것입니다. 기업이 열심히 사업을 하면 소비자는 더 좋은 제품과 서비스를 받을 수 있습니다. 이처럼 주식 투자를 통해서 좋은 기업의 주인이 된다는 것은 때로는 굉장히 멋진 일이기도 합니다.

물론 주식 시장에는 좋은 기업만 있는 것이 아닙니다. 소비자와 투자자를 울리는 기업도 있습니다. 그러므로 열심히 공부해서 좋은 기업을 찾아야 합니다. 나만의 수익이 아니라 우리 모두의 수익을 위한 일입니다.

> ### 생각을 키우는 Q
>
> 주식 투자를 시작한다면 가장 처음 사고 싶은 주식은 무엇인가요?
>
> ---
>
> ---

02 누가 주식으로 돈을 벌었을까?

#주식으로 성공한 사람들
#무엇이 투자자를 흔드는가?

우리나라의 주식 시장은 1956년에 개장했습니다. 1997년 외환위기를 겪는 등 그동안 어려움도 많이 겪었습니다. 하지만 장기간으로 우리나라의 주식 시장을 봤을 때 꾸준히 상승해왔음을 알 수 있습니다. 코스피는 2018년 1월 29일에 역사상 최고점인 2,607포인트를 달성한 적도 있습니다. 1980년에 100포인트였으니 26배나 폭등한 것입니다.

우리나라의 주가 지수는 분명 꾸준히 상승했습니다. 하지만 투자로 이익을 보았다는 이야기보다 손해 보았다는 사람들의 이야기를 더 자주 듣습니다. 누군가는 돈을 벌고 누군가는 돈을 잃었다는 이야기입니다. 그렇다면 누가 주식 시장에서 이익을 남겼을까요? 그들이 누구인지 우리는 알아야 합니다. 물론 아는 것만으로 중요한 것이 아니라 그들처럼 행동하는 것도 중요합니다.

누가 주식으로 돈을 벌었을까?

주식을 통해서 부자가 된 사람들은 크게 3가지 부류로 나눌 수 있습니다. 첫 번째 부류는 기업의 창업주입니다. 이들은 새로운 회사를 만들고 성장시키는 사람들입니다. 회사가 크게 성장하여 일정 조건을 만족하면 주식 시장에 상장할 수 있습니다. 상장 후에 회사가 계속 성장하면 자신이 들고 있는 주식의 가치가 크게 상승합니다. 자신의 주식을 다른 사람이나 특정 회사에 거액을 받고 넘기기도 합니다. 대표적인 사람에는 페이스북 창업주 마크 저커버그, 마이크로소프트의 빌 게이츠 등이 있습니다.

두 번째 부류는 회사의 임직원으로 스톡옵션을 받은 사람들입니다. 기업 성장에 이바지한 대가로 회사의 주식을 시가보다 낮게 구매할 권리를 가졌던 사람들입니다. 2014년 카카오와 다음커뮤니케이

기업의 창업주

임직원

장기투자

주식으로 돈을 번 사람들

선이 합병하면서 이득을 얻은 사람들이 대표적인 사례입니다. 카카오에서 근무하면서 스톡옵션을 받았던 직원들은 다음과 합병되면서 1인당 6억 원에 이르는 평가 차익을 얻는 대박을 터트렸습니다. 이처럼 스톡옵션은 기업이 인재를 모으기 위해서 사용하는 인센티브 수단입니다.

세 번째 부류는 성장 가능성이 있고 저평가된 주식에 장기투자한 사람들입니다. 생각하기에 따라 가장 쉬운 방법인 것 같지만, 가장 실천하기 어려운 방법입니다. 국내외에서 벌어지는 다양한 사건이 주식 시장에 영향력을 미치는 환경에서도 흔들리지 않고 장기투자하는 것은 매우 어려운 일입니다. 통찰력과 인내심을 가진 소수의 투자자만이 특정 종목에 장기투자할 수 있습니다.

3가지 부류 중 당연히 첫 번째 사람이 가장 큰 부를 획득합니다. 주식뿐만 아니라 어느 시장이든 공급하는 사람은 부를 거머쥘 확률이 가장 높습니다. 하지만 사업에 실패하면 모든 재산을 잃을 가능성이 큽니다. 그러므로 평범한 우리들은 두 번째와 세 번째 방법을 선택하는 것이 좋습니다. 좋은 기업을 찾아내서 투자하고 사회에 더욱 큰 부를 함께 창출하는 것입니다.

무엇이 투자자를 흔드는가?

주식 시장은 이상적인 시장이 아닙니다. 돈이 모이는 곳이기 때문에 다양한 사건과 사고가 일어납니다. 때로는 반칙이 난무하는 곳이 바로 주식 시장입니다. 다양한 문제들로 투자자들이 손해를 보는 경우도 많습니다. 몇 가지 문제는 매우 반복적으로 일어납니다. 더 안타까운 점은 이런 사고가 반복적으로 일어나지만 개선되지 않고 있는 것입니다.

우선 주식 투자 환경이 단기매매를 부추기는 경우가 많습니다. 매우 즉흥적으로 주식을 매수하고 매도하게 하는 것입니다. 주식 투자를 할 때는 그 기업의 가치와 성장 가능성을 봐야 한다고는 하지만 그런 생각을 스스로 지키지 못하는 경우가 많습니다. 특히 증권사에서는 단기매매를 적극적으로 유도하기도 합니다. 증권사는 고객들의 거래 수수료가 주된 수입원입니다. 만약 고객이 주식을 보유하기만 하고 거래하지 않는다면 수익이 줄어들 것입니다. 다양한 리포트와 방송, 뉴스 등을 통해 좋은 정보를 제공한다고 하지만 사실은 단기매매를 권유하는 경우가 많습니다. 현명한 투자자라면 이런 정보에 흔들리지 말아야 합니다.

일부 기업의 허위 공시 역시 많은 투자자를 울립니다. 기업은 허위 공시를 통해서 주가를 띄우는 경우도 있습니다. 이때 대주주는 주식을 팔고 떠나거나, 새로운 주식을 발행해 일반 투자자로부터 돈을 받아 경영에 사용하기도 합니다. 거짓 정보를 흘리고 소액 주주들의 돈을 걷어 가는 것입니다. 우리나라는 아직 소액 주주를 위한 법과 제도가 자리 잡히지 않았습니다. 다행히 점차 소액 주주들의 권리를 보호하는 방향으로 가고 있지만 이제 시작 단계라고 볼 수 있습니다.

03

주식
왕초보 탈출

#주식계좌 개설 #호가는 뭐지?
#매수&매도 어떻게? #코스피와 코스닥

주식 투자를 하기 위해서 가장 먼저 해야 할 일은 주식계좌를 만드는 것입니다. 주식계좌는 은행이나 증권사에 가면 쉽게 만들 수 있습니다. 최근에는 은행에 가지 않고 스마트폰으로 계좌를 만들 수도 있습니다. 주식 거래는 스마트폰이나 컴퓨터를 이용하는데 수수료는 증권사마다 조금씩 다르지만 0.011~0.015%를 내야 합니다. ARS로 거래할 수도 있는데 수수료가 조금 더 발생합니다.

계좌를 만들려면 증권/보험용 공인인증서가 있어야 합니다. 계좌를 만든 증권회사에서 무료로 발급받아 1년에 한 번씩 갱신해서 사용하면 됩니다. 자신의 은행계좌와 증권계좌를 연결하면 입금과 출금을 할 때 수수료가 발생하지 않습니다.

주식 왕초보 탈출

스마트폰이나 컴퓨터로 주식을 거래하기 위해 접속하면 낯선 화면이 뜹니다. 가장 먼저 봐야 하는 것은 '호가' 창입니다. 키움증권을 기준으로 설명하겠습니다. 호가창에 '기준가, 시가, 고가, 저가, 상한가, 하한가'가 있을 것입니다. 먼저 기준가를 봐야 합니다. 기준가는 전일 마지막 거래 가격으로 상한가와 하한가를 정하는 기준입니다. 주식 시장은 아침 9시에 시작해서 오후 3시 30분에 종료됩니다.

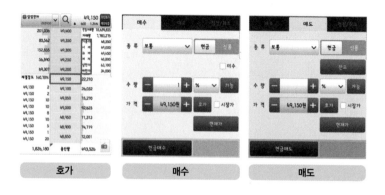

상한가는 하루 동안 오를 수 있는 최고 시세입니다. 반대로 하한가는 하루 동안 내려갈 수 있는 최저 시세입니다. 상한가는 기준가를 중심으로 30% 상승한 가격이고, 하한가는 기준가를 중심으로 30% 하락한 가격입니다. 상한가와 하한가의 폭은 주식 시장의 지나친 변동을 막기 위한 장치로 도입되었습니다. 상한가와 하한가의 기준은 1998년 이후 15%를 유지하다가 2015년 6월 15일부터는 가격 제한폭이 30%로 확대되었습니다.

시가는 주식 시장이 시작하는 9시에 처음 거래된 가격입니다. 고가는 하루 중 가장 높게 거래된 가격입니다. 저가는 하루 중 가장 낮게 거래된 가격입니다. 거래량은 하루 중 주식이 거래된 수량입니다. 거래량은 많을수록 좋습니다. 거래가 별로 없는 주식은 나중에 주식을 팔고 싶어도 팔기 힘들 수 있습니다.

주식 매수와 매도

주식을 사는 것을 '매수'라고 하고, 주식을 파는 것을 '매도'라고 합니다. 매수 화면에서 자신이 사고 싶은 주식의 가격과 수량을 입력하고 매수 버튼을 누르면 됩니다. 현재 거래되는 가격보다 낮은 가격으로 매수 주문을 하고 기다려도 됩니다. 주식을 바로 매수하고 싶다면 시장가를 체크하면 됩니다. 현재 가격보다 높은 호가로 바로 매수가 됩니다.

주식을 파는 매도 역시 매수와 거래 방법은 같습니다. 현재 거래되는 가격을 살펴보고 내가 팔았으면 하는 가격과 수량을 입력해서 매도할 수 있습니다. 주식을 바로 매도하고 싶다면 역시 시장가를 체크하면 됩니다. 현재 가격보다 낮은 호가로 바로 매도가 됩니다.

코스피와 코스닥

　우리나라의 주식 시장은 코스피와 코스닥으로 나눌 수 있습니다. 코스피Korea Composite Stock Price Index는 우리나라를 대표하는 주식 시장으로 까다로운 조건을 만족해야 상장할 수 있습니다. 그래서 삼성, LG, 현대 등 아주 큰 기업들이 상장되어 있습니다.

　코스닥은 미국의 '나스닥NASDAQ'을 벤치마킹하여 만든 주식 시장입니다. 코스피보다 상장 조건이 덜 까다롭습니다. 주로 IT기업이나 중소 및 벤처기업이 많이 상장되어 있습니다. 대표적으로 셀트리온, CJ ENM 등이 상장되어 있습니다.

🧠 생각을 키우는 Q

주식계좌 수수료 혹시 확인하셨나요?

저평가 우량주는 여기에!

#저평가 우량주 어디서? #중요한 정보는 언제?
#주식 투자 성공 첫 걸음

주식 시장에서 성공한 투자자가 입을 모아 하는 조언이 있습니다. '싸게 사서 비싸게 팔아라'입니다. 너무도 쉬운 말이지만 너무도 실행하기 어려운 말입니다. 주식 시장에 흘러나오는 소문만으로 어떤 주식이 저평가되어 있는지, 어느 정도 가격이 비싼지 그 기준을 알 수 없기 때문입니다.

이렇게 판단이 어려울 때 도움이 되는 정보들이 있습니다. 바로 기업의 재무 정보입니다. 기업의 매출이 얼마인지, 이익은 많이 나는지, 회사가 안전한지 등을 판단할 수 있는 정보입니다. 몇 가지 지표만 보아도 좋지 않은 기업을 걸러낼 수 있습니다. 이 정보를 잘 분석한다면 당연히 주식 투자 성공에 한 발짝 다가갈 수 있을 것입니다.

저평가 우량주 여기 있다!

그렇다면 저평가 우량주를 찾는 정보는 어디에 있을까요? 전문가들만 모여서 이런 정보를 몰래 보고 있는 것일까요? 그렇지 않습니다. 마우스 클릭 몇 번이면 전문가들이 보는 대부분의 정보를 조회할 수 있습니다. 그것도 네이버와 다음 같은 유명 포털 사이트에서 아주 쉽게 조회할 수 있습니다. 포털 사이트 첫 화면에서 '증권' 메뉴에 들어가서 원하는 기업을 검색하면 정보가 보기 편하게 잘 정리되어 있습니다.

포털 사이트에 공개된 기업의 재무 정보는 금융감독원 전자공시시스템(http://dart.fss.or.kr/)이라는 곳의 자료를 이용해 만들어졌습

네이버 금융에서 조회하는 방법 예시

니다. 전자공시시스템에 자료가 업데이트되고 며칠이 지나면 포털 사이트 증권 정보에서 조회할 수 있습니다. 전자공시시스템에는 포털 사이트 증권 정보보다 전문적인 자료가 많습니다. 초보자라면 포털 사이트에 나와 있는 정보만으로도 충분히 회사의 재무적인 상황을 파악해서 저평가 우량주를 찾아낼 수 있습니다.

기업의 재무 정보는 분기별로 업데이트됩니다. 기업은 회계법인으로부터 '감사'라는 건강검진 비슷한 것을 분기별로 받습니다. 이 자료를 정리해서 투자자들이 볼 수 있도록 분기별로 공시하는 것입니다. 가장 중요한 공시는 1년 전체를 받는 '감사'입니다. 자료는 3월 중순부터 업데이트가 시작됩니다. 이때 자신이 관심을 두고 있거나 투자한 기업의 재무 정보를 꼭 찾아봐야 합니다.

주식 투자 성공의 첫걸음

기업의 재무 정보는 주식 투자를 하기 전에 반드시 확인해야 합니다. 나의 소중한 돈을 누군가에게 빌려준다면 신용이 튼튼한 사람에게 빌려주는 게 좋을까요? 아니면 신용이 좋지 못한 사람에게 빌려주는 게 좋을까요? 주식 투자 역시 마찬가지입니다. 기업의 재무 정보를 바탕으로 나의 소중한 돈을 투자할 만한 기업인지 꼼꼼히 따져봐야 합니다. 그래야 성공에 한발 더 다가갈 수 있습니다.

기업의 재무 정보를 활용한 주식 투자로 돈을 많이 버는 사람들이 있습니다. 바로 '외국인 투자자'들입니다. 물론 외국인 투자자들은 많은 자본을 가지고 있고, 좋은 기업에 장기투자를 하기 때문에 성공할 확률이 더 높습니다. 외국인처럼 많은 자본은 없지만 개인도 재무 정보 분석을 통해 기업을 바라보는 '안목'을 키울 수 있습니다. 좋은 안목이 생긴다면 성공에 한발 더 다가갈 수 있을 것입니다.

기업의 재무 정보를 바탕으로 저평가 우량주를 찾아낼 수도 있습니다. 하지만 반드시 성공하는 것은 아닙니다. 시장의 상황은 굉장히 빠르게 움직이고, 다양한 이슈의 영향을 받기 때문입니다. 좋은 기업을 찾았다 하더라도 경제 상황이 나빠지거나, 갑작스러운 소송에 휘말리면 주가가 일시적으로 하락할 수 있습니다. 좋은 주식을 찾았다면 좋은 타이밍을 찾는 방법 역시 공부해야 합니다. 좋은 타이밍을 찾는 방법은 뒤에서 다루도록 하겠습니다.

생각을 키우는 Q

본인이 생각하는 저평가 우량주가 있나요?

05

앉아서 돈을 벌자 '**EPS**'와 '**배당**'

#EPS는 뭐야? #주식으로 꿩 먹고 배당으로 알 먹고
#주식을 가볍게

포털 사이트 증권 정보에 우리에게 필요한 정보가 있다는 것을 알았습니다. 하지만 매우 많은 정보와 전문 용어 때문에 쉽게 눈에 들어오지 않습니다. 수많은 정보를 모두 활용하면 좋겠지만 시간, 인력, 자금이 부족하므로 쉽지 않습니다. 이럴 때는 중요한 정보부터 먼저 살펴봐야 합니다.

가장 먼저 살펴봐야 할 부분은 당연히 '이익'입니다. 어떤 기업의 주식에 투자한다는 것은 그 기업의 주인이 된다는 것을 의미합니다. 그러므로 내 기업이 얼마나 돈을 벌고 있는지 확인해야 합니다. 이것은 '주당 순이익 EPS, Earning Per Share'으로 확인할 수 있습니다. 주식 1개를 샀을 때 1년 동안 나의 몫이 어느 정도인지 측정하는 것입니다.

앉아서 돈을 벌자, EPS

주당 순이익인 EPS를 알아야 내가 투자한 돈을 빨리 회수해서 이익을 볼 수 있습니다. 기업이 영업활동을 통해서 올린 매출에서 원자재 비용, 직원 월급, 은행 이자, 세금 등 뗄 것 다 떼고 순수하게 벌어들인 돈을 '당기순이익'이라고 합니다. 이 '당기순이익'에서 '주식 수'를 나누면 EPS가 나옵니다.

A 기업의 당기순이익이 10억이고 주식이 10만 개 있다면, 주당 순이익인 EPS는 10,000입니다. 1개의 주식이 1년간 1만 원을 벌어들인 것입니다. EPS가 높은 기업은 앞으로도 전망이 밝은 기업입니다. 또한 외국인 투자자나 기관 투자자들로부터 관심을 받을 가능성이 커질 수 있습니다. 이런 추세가 계속되면 주가가 상승할 가능성도 커집니다.

$$\text{EPS} = \frac{\text{당기순이익}}{\text{주식수}} = \frac{10억}{10만} = 1만$$

하지만 EPS는 1년 단위로 계산이 되는 것이 단점입니다. 특정 기간만 높거나 낮게 나타날 수 있으니 EPS는 장기적 관점에서 봐야 합니다. 최소 3년 이상을 비교하면서 상승하고 있는지 하락하고 있는지 확인해야 합니다. EPS는 높을수록 좋지만, EPS가 높다고 반드시 주가가 상승하는 것은 아닙니다. 기업이 돈을 잘 벌고 있는지만 확인하는 것입니다.

주가 상승으로 꿩 먹고 배당으로 알 먹고

기업이 돈을 많이 버는 것도 중요하지만 나의 호주머니에 돈이 들어오는 것도 중요합니다. 주식을 매수함으로써 얻을 수 있는 수익은 크게 두 가지입니다. 첫째는 당연히 주가 상승으로 인한 차익입니다. 두 번째는 주식을 보유하고 있는 동안 배당을 받는 것입니다. 주가 상승으로 인한 차익이 꿩이라면 배당은 알입니다. 배당은 현금으로 주기도 하지만 주식을 나눠주기도 합니다. 받은 주식은 거래를 통해서 현금화할 수도 있고, 주식 가격이 더욱 오를 때까지 보유할 수도 있습니다.

대부분의 투자자는 주식을 매수할 때 주가 상승으로 인한 차익만 먼저 생각하고 배당은 중요하게 생각하지 않는 경우가 많습니다. 하지만 주식 매수를 고려할 때 배당을 하는지 꼭 살펴봐야 합니다. 꿩만 먹고 알을 버리면 당연히 아깝기 때문입니다. 더욱 중요한 점은 배당을 받는 것이 저평가 우량주를 보유하여 장기투자에 성공하는 지름길이기 때문입니다.

이익이 꾸준히 나는 기업만이 배당을 할 수 있습니다. 이런 회사들이 저평가되어 있다면 배당을 받으면서 주가가 상승할 때까지 기다릴 수 있습니다. 배당을 받으면 예금 이자처럼 생각할 수 있기 때문에 여유 있게 기다릴 수 있는 것입니다. 우리나라 주식 시장에서 많은 수익을 내는 외국인 투자자들은 배당을 굉장히 중요하게 생각합니다. 자본의 규모는 다르지만, 시장에서 수익을 내는 외국인 투자자들의 관점은 우리가 보고 배울 필요가 있습니다.

주식을 가볍게, '주식 분할'

주식을 분할하는 경우도 있습니다. 이것은 내가 가진 1만 원을 1,000원짜리 10개와 바꾸는 것과 같습니다. 내가 가진 주식의 가치는 똑같습니다. 단지 1개의 주식을 좀 더 작게 쪼개는 것입니다. 주식이 싸면 거래하기 쉬워져서 주식 분할을 하는 경우가 많습니다. 같은 기업의 주식이라도 200만 원보다는 5만 원이 많은 사람이 거래하기 쉽기 때문입니다.

주식 분할을 통해서 가격을 낮추면 주식 가격이 상승하기 쉬워집니다. 200만 원짜리 주식이 300만 원 주식이 되는 것과 5만 원짜리 주식이 7만 5,000원이 되는 것은 서로 달라 보입니다. 한쪽은 100만 원이 오르고 다른 한쪽은 2만 5,000원이 올랐기 때문입니다. 하지만 비율로 본다면 똑같이 50% 상승했습니다. 주식 분할은 주식이 상승할 수 있도록 주식을 가볍게 만드는 것입니다. 주의해야 할 점은 주식 분할이 기업의 가치를 변화시키지 않는다는 것을 아는 것입니다. 주식 분할은 주식 상승의 근본적인 요인은 아닙니다.

생각을 키우는 Q

내가 투자했거나 관심 있는 회사의 EPS는 얼마인가요? 배당은 하고 있나요?

저평가를 찾아라 'PBR, PER'

#얼마나 빨리? PER #가격은 얼마? PBR
#달리기 대회

꾸준히 이익을 내는 좋은 기업을 찾았다면 이제 매수하고 싶은 마음이 들 것입니다. 하지만 기업이 현재 시장에서 저평가되어 있는지 혹은 고평가되어 있는지 판단해야 합니다. 아무리 좋은 기업도 가격이 오를 대로 올랐다면 더 오르기 힘들 수 있기 때문입니다. 저평가인지 아닌지를 판단할 때 필요한 기준은 기업의 장부 가치와 시장에서 거래되는 가치를 비교하는 것입니다.

어떤 물건의 정가는 10만 원이지만, 인터넷이나 할인점에서는 5만 원에 판매되고 있을 수도 있습니다. 한정판 명품 같은 경우는 정가보다 오히려 가격이 비쌀 수 있습니다. 10만 원이라는 정가를 기준으로 내가 구매한 가격이 저렴한지 아닌지 구별할 수 있습니다. 주식 투자에서 이런 정보를 주는 것이 바로 PBR_{Price Book-value Ratio}(주가순자산비율)과 PER_{Price earning ratio}(주가수익비율)입니다.

가격은 얼마? PBR (주가순자산비율)

기업이 지금 문을 닫는다면 부채를 갚고 자산을 팔아서 남은 돈을 주주들에게 돌려줘야 합니다. 기업이 자산은 없고 부채가 많다면 돌려받을 돈이 없을 수 있습니다. 반대로 기업이 자산은 많고 부채가 없다면 돌려받는 돈이 많을 수 있습니다. 이것이 바로 PBR의 개념으로 지금 당장 기업이 나에게 줄 수 있는 돈의 비율을 말합니다.

기업이 가지고 있는 자산에서 부채를 제외한 금액은 '순자산'입니다. 순자산을 전체 주식수로 나누고 주식을 들고 오는 만큼 주주들에게 돈을 나누어 줍니다. 이때 주식 시장에서 매수한 가격과 내가 돌려받은 금액을 비교해보면 시장에서 매수한 가격보다 돌려받은 돈이 적거나 많을 수 있습니다.

$$① \quad (순자산 = 자산 - 부채) / 주식수 \quad = \quad 주당순재산$$

$$② \quad PBR = \frac{주가}{주당순자산}$$

A라는 기업의 순자산이 1억이고 주식이 1,000개라면 한 주당 순자산은 10만 원입니다. 시장에서 주식 가격이 20만 원이면 PBR은 2이고, 주식 가격이 5만 원이면 PBR은 0.5이며, 주식 가격이 10만 원이면 PBR은 1입니다. PBR은 1을 기준으로 하는데 1보다 크면 고평가, 적으면 저평가되었다고 말할 수 있습니다. 코스피의 전체 PBR은 0.95이기 때문에 살짝 저평가되어 있다는 것을 알 수 있습니다.

PBR은 시장가와 장부가를 비교할 수 있는 장점이 있지만, 단점도 있습니다. 기업의 주식 가격은 매일 바뀌지만, 자산의 장부 가격은 곧바로 바뀌지 않기 때문입니다. 기업이 소유하고 있는 땅의 가치가 갑자기 상승하거나, 보유하고 있는 재고의 시장 가치가 갑자기 감소하는 일도 일어납니다. 하지만 PBR은 이런 부분까지 반영하지 않습니다. 그러므로 PBR과 기업의 최근 소식을 살펴보는 것이 중요합니다.

얼마나 빨리? PER(주가수익 비율)

주식 시장에서 기업의 가치가 적정하게 반영되고 있는지 판단하기 위해 가장 보편적으로 사용하는 지표가 'PER'입니다. 많은 투자 고수들 역시 PER를 매우 중요하게 생각하고 있습니다. PER은 기업에 투자했을 때 원금을 얼마나 빨리 회수할 수 있는지를 알려주는 지표입니다.

A 기업의 당기순이익이 10억이고 10만 개의 주식이 있다면, EPS(주당 순이익)는 10,000입니다. 1개의 주식이 1년간 1만 원을 벌

어들인 것입니다. A 주식의 가격이 현재 5만 원이고 이익이 동일하게 꾸준히 발생한다면 5년 후에는 무슨 일이 발생할까요? 1주당 5만 원을 모두 돌려받을 수 있을 정도로 회사가 돈을 모을 수 있게 됩니다. 이익을 통해 투자금을 돌려받는 'PER'이 '5'라는 말입니다.

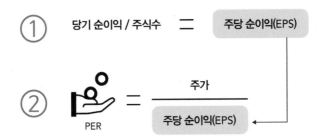

이익이 많이 나고 주가가 낮을수록 돈을 돌려받을 수 있는 기간인 PER은 낮아집니다. 이때는 저평가되었다고 할 수 있습니다. 반대로 이익이 적게 나고 주가가 높다면 돈을 돌려받을 수 있는 기간인 PER은 높아집니다. 이때는 고평가되었다고 할 수 있습니다. PER은 낮을수록 좋습니다. 코스피 전체 평균 PER은 14.55입니다.[2]

PER은 저평가와 고평가의 절대적인 기준이 없습니다. 마치 1등을 뽑는 달리기 경주와 같습니다. 경주에 참여한 사람이 모두 느리다면 조금만 빨리 달려도 높은 등수를 차지할 수 있습니다. 하지만 모두 빠르다면 경쟁이 치열해집니다. PER을 볼 때는 같은 업종 기업들의 PER과 비교해서 누가 더 나은가를 비교해야 합니다.

안전과 현금이 곧 수익이다

#안전이 곧 수익이다 #현금이 왕이다
#'부채비율'과 '현금흐름표'

돈을 잘 버는 기업, 저평가된 기업을 찾았다면 마지막으로 그 기업이 안전한지 꼭 체크해야 합니다. 기업의 경영 환경은 급속도로 변할 수 있습니다. '2008년 금융위기'와 같은 외부적인 요인이 생기면 갑자기 어려워질 수 있습니다. 물론 이런 위기를 잘 극복한 기업은 주가와 수익 모두 한층 더 성장할 것입니다. 그러므로 위기 상황에도 잘 극복할 가능성이 높은 기업을 찾아야 합니다.

기업이 안전한지 살피기 위해서 확인해야 하는 두 가지가 있습니다. 첫 번째는 부채가 얼마나 적게 있는지, 두 번째는 현금을 얼마나 여유 있게 가졌는지 확인해야 합니다. 개인과 기업 모두 마찬가지입니다. 아무리 좋은 집과 차를 갖고 있다고 하더라도 당장 현금이 없고 대출이 많으면 언제든지 어려움에 부닥칠 수 있기 때문입니다.

안전이 곧 수익이다

기업은 새로운 사업에 도전하기 위해 자금을 외부로부터 빌려오는 경우가 많습니다. 빌려온 돈은 잘 사용하면 득이 되지만 잘못 사용하면 독이 됩니다. 기업에 부채가 적을수록 좋다고 생각할 수 있지만, 부채가 너무 없어도 좋지 않습니다. 사업을 크게 확장시킬 수 없거나, 필요할 때 기업에 현금이 부족할 수도 있고, 이자에 대한 세금 공제 혜택 등을 받을 수 없기 때문입니다. 부채는 정말 필요한 만큼만 쓰는 것이 좋습니다.

기업의 부채는 크게 단기부채와 장기부채 두 가지로 나뉩니다. 장기부채는 만기가 1년이 넘는 부채이고, 단기부채는 만기가 1년 미만인 부채입니다. 기업에 독이 될 수 있는 부채는 단기부채입니다. 단기부채는 만기가 짧고 당장 갚아야 해서 순간적으로 현금이 부족해질 수 있기 때문입니다. 단기부채가 많은 기업은 피하는 편이 좋습니다.

안전한 기업을 평가하는 정확한 부채비율 기준은 없습니다. 하지만 최소한 빌린 돈의 '이자'는 갚을 능력이 있어야 합니다. 영업이익으로 이자 비용을 나눈 것을 '이자보상비율'이라고 합니다. 최소한 1이 넘으면 이자를 낼 수 있지만, 1을 넘지 못하면 돈을 벌어서 이자를 낼 수 없는 기업이므로 가능하면 피하는 편이 좋습니다.

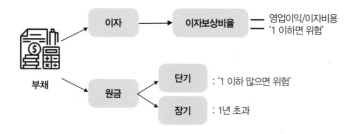

현금이 왕이다

현금은 기업의 입장에서 '피'와 같습니다. 기업의 사업 아이템이 심장이라면 현금은 이 사업이 잘 돌아갈 수 있게 산소와 영양분을 공급하는 역할을 합니다. 현금이 많은 기업은 사업을 확장해서 기업의 가치와 주가를 높일 수 있고, 배당을 통해서 주주를 기쁘게 할 수 있습니다. 이렇게 중요한 현금을 얼마나 보유하고 있고 어떻게 순환하고 있는지 기업의 '현금흐름표'를 통해 확인할 수 있습니다.

현금흐름표는 굉장히 복잡한 지표이기 때문에, 정확하게 이해하기 위해서는 전문 서적 2~3권을 공부해야 합니다. 자료도 많아서 모두 확인하고 투자하기는 어렵습니다. 그러나 투자자의 입장에서는 현재 기업에 현금이 얼마만큼 있는지 확인할 수 있는 '기말현금 및 현금성 자산' 정도만 확인하면 충분합니다.

'네이버 증권 > 국내 증권 > 기업검색 > 종목분석 > 재무분석 > 현금흐름표'에서 제일 아래로 내려가면 최근 5년 동안의 '기말현금 및 현금성 자산' 항목을 볼 수 있습니다. 여기서 가장 중요하게 확인해야 할 것은 금액이 상승하고 있는지 하락하고 있는지 여부입니다. 아래의 표에 나온 삼성전자의 기말현금 및 현금성 자산을 보면 2014년부터 꾸준히 상승하고 있고 2016년에는 2배 가까이 상승했다는 것을 확인할 수 있습니다. 덕분에 삼성전자의 주가는 2015년부터 2017년까지 2배 정도 상승했습니다. 기업을 평가할 때 현금 보유액이 무엇보다 중요하다는 것을 보여주는 아주 좋은 사례입니다.

네이버 증권 삼성전자 현금흐름표

단위: 억 원, %, 배, 천주   분기: 순액기준

항목	2014/12 (IFRS연결)	2015/12 (IFRS연결)	2016/12 (IFRS연결)	2017/12 (IFRS연결)	2018/12 (IFRS연결)	전년대비 (YoY)
영업활동으로 인한 현금흐름	369,753.9	400,617.6	473,856.4	621,620.4	670,318.6	7.8
당기순이익	233,943.6	190,601.4	277,260.9	421,867.5	443,448.6	5.1
⁓						
현금 및 현금성 자산의 증가	5,559.9	57,959.8	94,747.0	−15,663.1	−2,046.3	86.9
기초현금 및 현금성 자산	162,847.8	168,407.7	226,367.4	321,114.4	305,451.3	−4.9
기말현금 및 현금성 자산	168,407.7	226,367.4	321,114.4	305,451.3	303,405.1	−0.7

생각을 키우는 Q

현금을 많이 보유하고 있거나 현금이 많이 들어오는 회사를 한번 찾아보세요.

대세 상승 타이밍을 잡아라!

#대세상승 언제? #돈이 들어올 때 투자하라
#기회를 기다려라!

농사를 짓는 농부들은 하루를 준비하기 전에 날씨를 먼저 확인하고, 수개월 혹은 수년을 준비하기 전에 계절의 변화를 확인합니다. 주식 시장 역시 마찬가지입니다. 하루하루의 상승과 하락에 대비하는 것이 중요합니다. 하지만 더 큰 그림을 그리려면 오랜 기간 상승하고 하락하는 추세를 바라보는 것도 중요합니다. 좋은 기업을 찾는 것 역시 중요하지만 기업 활동 역시 경제의 큰 흐름 속에 있기 때문입니다.

우리나라 주식 시장은 약 10년 주기로 상승을 반복한다는 이야기가 있습니다. 물론 주식 시장이 반드시 10년 주기로 상승을 반복하는 것은 아닙니다. 시기와 배경을 공부해보면 세계 혹은 국내 경제의 체질이 변하는 와중에 주식 시장이 그 영향을 받았다는 것을 알 수

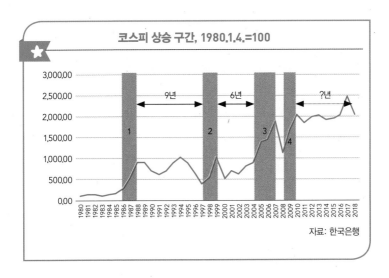

코스피 상승 구간, 1980.1.4.=100

자료: 한국은행

있습니다. 이런 과거의 흐름을 공부하는 것 역시 매우 중요합니다. 흐름이 기계적으로 반복되는 것은 아니지만 비슷한 흐름으로 흘러갈 수 있기 때문입니다.

대세 상승을 맞이하는 자세

첫 번째 상승기는 1986~1988년 '3저 호황' 시기입니다. 저금리, 저환율, 저유가로 기업의 생산원가와 이자 부담이 크게 줄어들면서 큰 폭으로 흑자를 냈습니다. 시중에 유동 자금이 대폭 늘어나 주식 시장으로 유입되면서 주식 시장이 폭발적으로 상승했습니다. 코스피는 1985년 초의 약 130포인트에서 1989년 3월에는 1,003포인트로 상승했습니다. 4년 사이에 약 8~9배 정도가 상승한 것입니다. 이때는 거의 모든 투자자가 수익을 낼 수 있었습니다. 특히 트로이카 종목인 금융, 건설, 무역의 수익률이 높았습니다.

두 번째 큰 상승기는 90년대 후반입니다. IMF 위기 이후 증시가 폭락한 이후에 급등했다는 것이 더 맞는 말입니다. IMF 외환위기 이후 정부는 168조 원의 공적자금을 조성해 금융기관의 부실채권을 정리하고, 기업의 재무구조 개선을 위해 노력했습니다. 이때 외국인 주식 투자 한도 철폐로 외국인 투자자들은 한국 증시에서 우량주를 주위 담기 시작했습니다. 외국인 자금은 1992년 2조 4,000억 원에서 1999년 45조 5,000억 원으로 20배가 넘게 폭등했습니다. 외국인 투자로 인해서 1998년 6월 280선까지 추락한 코스피 지수는 1999년 7월 1,000을 돌파했습니다. 1년 사이에 3배 넘게 상승한 것입니다.

세 번째 큰 상승은 2004년부터 2007년 구간입니다. 과거 1,000에서 후퇴를 반복한 코스피 지수는 2005년 드디어 1,000을 뚫고 2007년 7월 처음으로 2,000을 돌파했습니다. 당시 코스피 지수가 도약할 수 있었던 것은 주식형 펀드를 통한 간접투자가 크게 늘었기 때문입니다. 2004년 8조 4,000억 원이던 국내 주식형 펀드는 2019년 68조 원을 돌파했습니다.

네 번째 큰 상승은 2009년부터 2010년 구간입니다. 글로벌 금융위기로 어려워진 외국인 투자자들이 2007년과 2008년 2년 사이에 58조를 팔고 우리나라 주식 시장을 떠났습니다. 2008년 10월에는 코스피 지수가 900선이 무너지면서 정말 반토막이 나기도 했습니다.

이렇게 집을 나간(?) 외국인들은 2009년과 2010년에 다시 돌아왔습니다. 미국의 제로금리가 장기화할 조짐을 보이자 투자처를 찾아서 다시 돌아온 것입니다. 2009년과 2010년 외국인은 54조에 가까운 돈으로 폭락한 국내 주식을 다시 사들였고 코스피 지수는 다시 급반등했습니다. 2년 동안 58조를 팔고 2년 동안 54조를 샀으니 다시 제자리로 돌아온 것입니다.

돈이 들어올 때 투자하라

대세 상승에는 다양한 원인이 있을 수 있습니다. 수출이 늘어나거나, 국민소득이 늘어나거나, 세계 경제가 좋아지거나, 유가가 하락하거나 등 여러 가지 요인이 복합적으로 만나야 합니다. 하지만 결론은 한 가지로 수렴됩니다. '돈'이 들어오는 것입니다. 주식 시장에 돈이 들어오면 자연스럽게 상승합니다. 주식 시장의 하루하루를 살펴보는 것도 중요하지만 돈의 큰 흐름이 어떻게 움직이는지 공부하는 것이 주식 시장의 전망을 내다볼 수 있는 좋은 방법입니다.

생각을 키우는 Q

지금은 대세 상승기일까요?

09

위기는 더욱 큰 기회다!

#위기는 더 큰 수익을 #탐욕과 폭락
#전문가 예측이 틀리는 이유

미국 월가의 전설적인 펀드매니저 존 템플턴John Templeton은 "모두가 절망에 빠져 주식을 팔 때 매입하고, 남들이 앞뒤 가리지 않고 사들일 때 파는 것은 대단한 용기가 필요하다. 그러나 장래에는 엄청난 수익으로 보답할 것이다"라고 말했습니다. 주식 시장에서는 위기 상황이 더 큰 수익을 올리는 기회가 될 수 있음을 표현한 말입니다.

좋은 기업은 주가가 상승해야 하고, 그렇지 않은 기업은 하락해야 합니다. 하지만 주가는 인간의 투자 심리에 따라 비합리적으로 상승하기도 하고 폭락하기도 합니다. 1930년 대공황, 1997년 외환위기, 2008년 글로벌 금융위기 등 역사가 이를 증명하고 있습니다. 이런 위기가 닥치면 공포에 사로잡힌 투자자들은 주식을 매도하기 바빴습니다. 하지만 기회를 놓치지 않고 주식을 조용히 매수한 투자자들은 나중에 높은 이익을 거두었습니다.

거품과 탐욕 그리고 폭락

경제 위기가 오지 않는 것이 가장 좋지만 안타깝게도 위기는 반복적으로 찾아옵니다. 그렇다면 이런 위기를 어떻게 알아차리고 준비할 수 있을지에 대해서도 알아야 합니다. 어려운 경제 신문 기사와 각종 지표를 통해서도 이를 예측할 수 있지만, 시장에 참가한 사람들을 통해서도 감지할 수 있습니다. 대폭락이 발생하기 전에는 항상 탐욕이 거품을 만들고 폭락하기 전까지 멈추지 않았기 때문입니다. 과거의 패턴은 비슷하게 반복되기 때문에 이를 먼저 살펴보는 것이

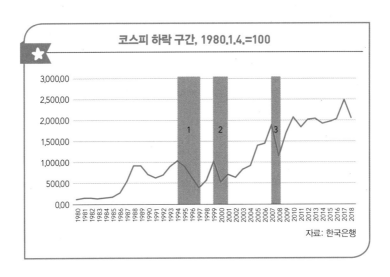

자료: 한국은행

중요합니다.

과거 코스피의 대폭락 구간을 살펴보면 부채라는 거품과 탐욕이 존재했다는 공통점이 있었습니다. 첫 번째 구간은 IMF 외환위기입니다. 이때 기업들의 부채 비율은 평균 518%로 400%는 작은(?) 수준이었습니다.[3] 두 번째 구간은 IT 거품 구간입니다. 저금리와 벤처기업 육성으로 많은 개인 투자자들이 대박을 꿈꾸며 묻지 마 투자를 했습니다. 실적에 상관없이 주가는 수백 수천 % 상승하기도 했습니다. 그러나 2000년 3월 미국의 IT 거품이 꺼지면서 같이 폭락했습니다.

세 번째 구간은 2008년 글로벌 금융위기 구간입니다. 이때 미국의 부동산 거품이 복잡한 금융기법을 통해 세계로 퍼져 나갔습니다. 2008년은 탐욕의 최첨단을 달린 해입니다. 전 세계에 위험한 금융상품을 팔아 이익을 남기기 위해 미국의 유명 언론사, 신용평가사, 투자회사 모두가 거짓을 외쳤습니다. 하지만 그 거품이 빠지자 전 세계가 큰 타격을 받았습니다. 우리나라 역시 이를 피해 가지 못했습니다.

하지만 폭락을 기회로 주식을 매수한 투자자들 역시 존재합니다. 이때 가장 좋은 전략은 우량주를 매수하는 것입니다. 부채비율이 낮고, 현금을 많이 보유하고 있고, 기술력 있는 기업들입니다. 이런 기업들은 위기를 견딘 다음, 경쟁자를 추월하거나, 어려워진 경쟁기업 인수를 통해 시장을 더욱 확대할 가능성이 매우 높습니다. 시장이 회복되면 이들 기업의 주가 역시 전보다 훨씬 오를 가능성이 높습니다.

전문가 예측이 틀리는 이유

각종 뉴스와 경제 방송에 다양한 전문가들이 나와서 경제 예측을 합니다. 물론 맞는 경우도 있지만 그렇지 못한 경우도 많습니다. IMF 외환위기, 2008년 금융위기 때 우리는 확실히 겪었습니다. 위기가 닥치기 전까지 '괜찮다'는 말을 믿고 수없이 많은 사람들이 아픔을 겪어야 했습니다. 오히려 인터넷 상의 일부 개인이 했던 경제 예측이 훨씬 정확한 경우도 종종 있었습니다.

전문가들은 더 많은 정보와 노하우, 자금 등을 가지고 있지만 틀리는 경우가 많습니다. 이런 일이 발생하는 것은 '역할' 때문입니다. 대부분의 전문가는 큰 기업이나 언론, 정부에 속해 있습니다. 이들은 자신이 속한 조직에 최선을 다하는 것이 중요합니다. 그리고 전문가 역시 시장의 참여자들입니다. 기본적으로 시장의 주가가 상승해야 이익을 볼 수 있습니다. '하락'이라고 당당히 말할 수 없는 위치에 있거나 '하락'을 믿고 싶지 않은 위치에 있는 것입니다.

여러분은 이런 점을 항상 생각하고 전문가들의 의견을 꼼꼼히 살펴야 합니다. 물론 반대로 뒤집어 보는 것도 중요합니다. 모두가 상승을 말할 때 폭락으로 가지 않을지 살펴보고, 모두가 폭락을 말할 때 바닥이 아닌지 다시 한 번 살펴봐야 합니다. 시장의 참가자들은 이성적이지 않고 비이성적으로 움직이는 경우가 많기 때문입니다.

호황 업종을 찾아 투자해라

#기술과 시장이 돈이다 #혁신과 주가
#투자 아이디어는 가까운 곳에

기업은 성장이라는 엔진을 가진 비행기입니다. 성장이라는 비행을 안전하게 지속하기 위해서는 연료가 필요합니다. 기업이 성장하기 위해 가장 좋은 연료는 새로운 시장과 기술입니다. 새로운 시장과 기술을 통해서 새로운 수요가 탄생합니다. 이는 폭발적인 성장으로 이어지고 기업의 이익과 주가는 더 높이 도약할 수 있습니다.

그래서 기업들은 항상 새로운 기술 개발에 박차를 가하고, 새로운 시장을 만들기 위해 영업 활동을 합니다. 이를 통해서 이익이라는 목적지를 향해 순항하려고 노력하는 것입니다. 개인 투자자들 역시 강력한 성장엔진을 가진 기업에 투자해야 이익이라는 목적지에 안전하고 빠르게 도달할 수 있습니다. 그렇게 되려면 성장엔진을 가지고 있는 기업을 찾아낼 수 있는 안목이 있어야 합니다.

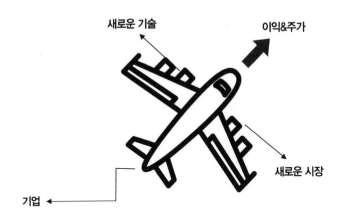

미래가 기대되는 기업

경제는 지구이고 전자, 자동차, 화학 등의 각종 업종은 나라입니다. 지구가 따뜻해도 추운 나라가 있고, 반대로 추워져도 비교적 따뜻한 나라가 있습니다. 각각의 업황도 마찬가지입니다. 경제 상황의 영향보다는 업황에 따라 주가가 상승하거나 하락하기도 합니다. 그렇다면 과거에 어떤 업종이 호황을 누렸고 주가에는 어떤 영향을 주었는지 살펴봐야 합니다.

지금은 누구나 '스마트폰'을 사용하고 있습니다. 스마트폰의 시작이라 할 수 있는 아이폰 3G는 2008년 6월 세상에 나왔습니다. 이는 혁신으로 만들어진 새로운 시장의 등장을 의미했습니다. 스마트폰에 필요한 부품을 만드는 기업들이 등장하고 이익과 주가가 급등하면서 관련 업계가 호황을 누리기 시작했습니다. '삼성전자' 역시 호황의 파도를 타고 2008년 12월 90만 원이던 주가가 2017년 11월 287만 원까지 치솟았습니다.

배를 만드는 조선업 역시 2002년부터 2007년까지 중국이라는 새로운 시장의 등장으로 호황을 누렸습니다. 매년 두 자릿수의 성장률을 기록한 중국은 세계에서 가장 많은 원자재를 수입하고 완제품을 만들어 수출했습니다. 이 과정에서 물동량이 엄청나게 증가하며 수요가 폭증했습니다. 이를 기회로 우리나라 기업들이 글로벌 수주 물량 톱 1~6위 자리를 휩쓸면서 세계 최강의 조선국으로 성장했습니다.[4]

이런 호황 덕분에 2002년 2~3만 원이던 대우조선해양의 주가는 2007년 32만 5,000원까지 10배 가까이 상승했습니다. STX라는 신생 기업은 국내 대기업 그룹 순위 12위까지 초고속으로 성장할 정도로 호황의 덕을 보았습니다. 하지만 2008년 글로벌 금융위기 이후 수요가 감소하자 조선업은 내리막을 걸었습니다. 업황과 주가의 내림세는 10년이 넘은 지금도 이어지고 있습니다.

투자 아이디어는 가까운 곳에

이처럼 업황 변화에 따라 많은 기업의 이익과 주가는 같이 움직입니다. 그러므로 앞으로 어떤 산업이 새롭게 떠오를지 항상 주위를 주시하며 살펴야 합니다. 이런 변화의 흐름을 읽기 위해 꼭 전문적인 지식이 필요한 것은 아닙니다. 변화의 흐름은 항상 우리 생활 속에서 찾을 수 있기 때문입니다.

실제로 월가의 전설적인 투자자 중 한 명인 피터 린치 역시 아내와 백화점에 가거나, 아이들과 쇼핑을 하면서 그들이 좋아하는 제품을 살펴보다가 투자 아이디어를 얻었습니다. 우리나라 주식 시장에서는 나가사끼 짬뽕으로 라면 시장을 뒤흔든 삼양식품과 아웃도어 브랜드 노스페이스의 유통과 판매를 독점한 영원무역과 같은 기업들이 좋은 예입니다.

앞으로 등장할 새로운 투자 아이디어 역시 우리가 생각했던 것보다 더 가까운 곳에 있을 것입니다. 사람이 운전하지 않는 자율자동차, LTE보다 20배 빠른 5G, 제조업을 바꿀 3D프린터, 꿈의 컴퓨터 양자 컴퓨터 등과 새로운 기술의 등장으로 우리들의 생활이 바뀔 것입니다. 이런 기술의 발달과 함께 다양한 기업들이 떠오르면서 우리에게 새로운 투자 기회를 제공할 것입니다.

11

주가의 블랙박스 '기술 분석'

#돈의 발자국을 쫓아서 #돈이 요동치는 차트
#차트 속에 돈이 있을까?

주식 관련 정보를 찾다 보면 파란색과 빨간색 막대가 오르락내리락 하는 그래프를 한 번쯤 보셨을 것입니다. 이 그래프는 주식이 거래되는 것을 매일매일 기록하는 블랙박스의 역할을 한다고 할 수 있습니다. 그래프를 통해서 관심 있는 기업의 주가에 최근 무슨 변화가 있었는지 알 수 있습니다. 이 파란색과 빨간색 막대로 되어 있는 블랙박스를 분석하는 일이 '기술 분석'입니다.

좋은 기업에 투자를 결심했다면 매수를 위해 좋은 타이밍을 잡아야 합니다. 이미 좋은 기업에 투자했다면 언제 팔아서 수익을 챙길지를 정해야 합니다. 이런 타이밍을 알려주는 것이 바로 '기술 분석'입니다. 블랙박스의 기록을 바탕으로 주식이 현재 어느 위치에 와 있는지 알 수 있기 때문입니다.

돈의 발자국, 캔들

막대 모양으로 생긴 봉을 양초와 비슷하다고 해서 '캔들_{candle}'이라
고 부릅니다. 캔들은 사각형의 몸통과 위아래에 달린 끈으로 구성되
어 있습니다. 캔들은 두 가지로 구분하는데 '양봉'은 상승을 '음봉'은
하락을 의미합니다. 신문과 같이 흑백으로 표시하는 경우에는 양봉
은 몸통이 흰색, 음봉은 몸통이 검은색입니다. 스마트폰처럼 칼라로
표시하는 경우 양봉은 빨간색이고 음봉은 파란색으로 표시됩니다.
우리가 보는 대부분의 차트는 파란색과 빨간색으로 표시가 됩니다.

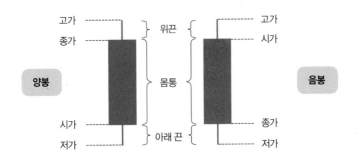

캔들을 좀 더 자세히 살펴보면 캔들의 위 끈은 고가를 아래 끈은
저가를 표시합니다. 하루 중 가장 높이 올라간 가격이 고가이고 가
장 낮게 내려간 가격이 저가입니다. 아침 9시에 시작되는 가격은 시

가始價이고, 오후 3시 30분에 장이 마감될 때 가격은 종가終價입니다. 양봉은 주가가 낮게 시작해서 높이 끝나고 음봉은 높게 시작해서 낮게 끝납니다. 그래서 양봉의 시가는 밑에 있고 음봉의 시가는 위에 있습니다. 반대로 양봉의 종가는 위에 있고 음봉의 종가는 밑에 있습니다.

캔들은 하루 단위로 기록하기도 하지만 주 단위로 기록하기도 합니다. 이것을 '주봉'이라고 합니다. 주봉은 월요일이 시가이고 금요일이 종가입니다. 고가는 일주일 중 가장 높았던 가격이고 저가는 일주일 중 가장 낮았던 가격으로 기록됩니다. 이와 비슷한 방식으로 한 달을 기준으로 하는 '월봉'도 있습니다. 이처럼 주가의 흐름을 파악하기 위해서 일봉과 주봉을 많이 사용합니다.

차트 속에 돈이 있을까?

캔들이 그려져 있는 차트를 바탕으로 한 정말 다양한 매매 방법이 있습니다. 주식 고수들이 차트를 사용하는 방법은 제각각입니다. 그렇다고 자신만의 매매 기법으로 수억 원을 번 사람을 그대로 따라 하면 돈을 벌 수 있을까요? 아쉽게도 돈을 못 벌 가능성이 매우 높습니다. 자신에게 맞는 매매 기법을 찾지 못한다면 오히려 독이 될 수 있기 때문입니다.

차트는 주가의 흐름을 실시간으로 파악할 수 있다는 장점이 있습니다. 하지만 이런 장점이 단점이 될 수도 있습니다. 실시간으로 주가가 계속 바뀌기 때문에 자칫하면 마음이 흔들리기 쉽습니다. 조금만 올라가면 사고 싶다가도 조금만 떨어지면 덜컥 겁이 나서 잘못된 결정을 내릴 수 있습니다. 잦은 매매는 증권사에 수수료만 내다가 끝날 수 있습니다. 직장에 다니는 사람은 컴퓨터나 스마트폰으로 차트를 확인하느라 일도 놓치고 돈도 놓칠 수 있습니다.

그러므로 평범한 직장인이라면 어려운 매매 기법까지 모두 공부하기보다는 차트를 통해 주식 시장의 큰 흐름을 읽을 수 있을 정도만 알고 있어도 충분합니다. 개별 기업의 차트보다는 코스피와 코스닥 차트를 본다면 시장의 흐름을 파악하는 데 많은 도움이 될 것입니다. 그래서 이 책에서는 구체적인 매매 기법을 설명하지 않겠습니다. 더욱 자세한 기술 분석을 공부하고 싶다면 다른 책을 찾아 보시길 권합니다.

🧠 생각을 키우는 Q

내가 매수했거나 관심 있는 기업의 차트를 한 달에 한 번쯤은 보시나요?(때로는 안 보는 게 속 편할지도 모릅니다.)

주가는
먼저 움직인다

#주가의 흐름 이동평균선 #골든크로스 #데드크로스

주식 투자를 판단하는 데 있어서 가장 중요한 것은 증시 전체의 흐름 그 자체입니다. 우리나라의 코스피는 실제 경제 상황보다 약 6개월 정도 선행하는 것으로 알려져 있습니다. 경기가 바닥을 치기 6개월 전에 코스피는 바닥을 치고 올라가기 시작합니다. 반대로 경기가 고점을 치기 6개월 전에 코스피 역시 고점을 치고 하락합니다.

주식 시장의 전체 흐름인 코스피는 각종 경제지표가 나오기 전에 미리 움직입니다. 정보와 자본이 많은 외국인 투자자, 기관 투자자, 똑똑한 개인 투자자들이 먼저 움직이는 것입니다. 이들이 움직이면 주식 시장 전체가 움직이기 시작합니다. 그러므로 개별 주식 종목의 흐름도 중요하지만, 코스피의 흐름을 보고 매매 타이밍을 결정해야 합니다.

주가의 흐름을 보는 이동평균선

코스피의 흐름을 파악하기 위해서는 코스피의 기록을 이어서 볼 수 있는 '이동평균선'을 보는 것이 좋습니다. 이동평균선이란 주가 이동 평균치를 선으로 이어서 표시한 것입니다. 5일, 10일, 20일, 60일, 120일 등 일정 기간의 종가 가격을 평균적으로 보여주는 선입니다. 5일 선은 5일간의 이동 평균치를, 10일 선은 10일간의 이동 평균치를 뜻합니다.

5일과 10일 선은 단기 이동평균선으로 단기 매매할 때 중요한 지표입니다. 20일 선은 심리선 혹은 세력선이라 불립니다. 많은 투자자가 20선을 기준으로 주가가 상승인지 하락인지 판단하기 때문입니다. 60일 선은 수급선이라 불립니다. 기관 투자자나 외국인이 약 90일 분기별로 나오는 기업 보고서에 따라 투자를 결정하는 기간에 가깝기 때문입니다. 120일 선 이상은 장기 이동평균선입니다.

이동평균선은 캔들보다 눈에 더 쉽게 들어오고 단기와 장기 흐름을 알 수 있다는 장점이 있습니다. 그 때문에 많은 사람이 주가를 전망하는 데 사용하는 대표적인 지표입니다. 하지만 5일 선부터 120일 선까지 어느 하나 수학 공식처럼 딱 떨어지는 예는 없습니다. 어떤 선을 보고 투자하면 성공한다는 보장 역시 없습니다. 단지 앞으로의 주가 추세를 예측하는 자료로 사용하는 것입니다.

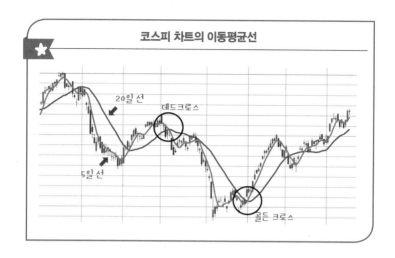

코스피 차트의 이동평균선

20일 선

데드크로스

5일 선

골든 크로스

골든크로스와 데드크로스

이동평균선을 바탕으로 주식 매매 타이밍을 결정하는 방법 중 골든크로스 기법과 데드크로스 기법이 가장 널리 알려져 있습니다. 골든크로스는 상승을, 데드크로스는 하락을 의미합니다. 골든크로스는 단기 이동평균선이 중장기 이동평균선을 뚫고 올라오는 것을 말합니다. 매수하는 투자자들이 많아 생긴 현상으로 주식을 매수하기 좋은 시점입니다. 반대로 데드크로스는 단기 이동평균선이 중장기 이동평균선을 뚫고 내려가는 것을 말합니다. 매도하는 투자자들이 많아 생긴 현상으로 주식을 매도하는 것이 좋습니다.

하지만 골든크로스와 데드크로스를 맹신해서는 안 됩니다. 하락장에서 골든크로스는 잠깐의 반등으로 주식을 매수하면 안 되는 타이밍입니다. 오히려 주식을 매도하거나 관망해야 합니다. 반대로 강

세장에서 데드크로스는 조정 확률이 높습니다. 이미 상승을 확인했다면 매수하기 가장 좋은 시점입니다. 그러므로 상승장인지 하락장인지 먼저 구분해야 합니다.

이때 차트에 나온 고점과 저점을 활용해야 합니다. 고점이 점점 낮아진다면 하락장일 가능성이 큽니다. 주가가 조금 오르면 사람들이 팔고 떠나기 때문입니다. 반대로 저점이 높아진다면 상승장일 가능성이 큽니다. 매수를 기다리는 투자자들이 많아서 가격이 조금만 내려가면 주식을 매수하기 때문입니다.

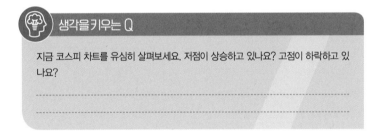

생각을 키우는 Q

지금 코스피 차트를 유심히 살펴보세요. 저점이 상승하고 있나요? 고점이 하락하고 있나요?

13 새내기 주식 '공모주'

#공모주는 어떻게 사지? #상장 첫날 가격은?
#공모주 허와 실

초기에 투자하는 것은 다소 위험하지만, 수익률은 가장 높습니다. 일반인들이 좋은 기업을 초기에 투자할 수 있는 방법이 한 가지 있습니다. 바로 주식 시장에 상장을 준비하고 있는 '공모주IPO, Initial Public Offering'를 노리는 것입니다. 성장 가능성이 큰 기업에 미리 투자해두면 기업이 상장했을 때 엄청난 수익을 올릴 수도 있습니다. 물론 모든 '공모주'가 높은 수익을 보장하는 것은 아닙니다. 그러므로 잘 따져봐야 합니다.

공모주는 기업 가치 평가 대비 할인된 가격으로 주식을 매수할 수 있는 좋은 기회입니다. 상장 전 기업 가치를 평가할 때 주식 가격은 보통 할인된 가격으로 형성됩니다. 그러므로 유망기업의 경우 상장 당일 거래가 시작되면 급등하는 경우도 있습니다. 대표적인 예로 제일모직의 경우 상장 첫날 시초가가 공모가의 2배에 달했습니다.

공모주 어떻게 사지?

신상 주식이 나오면 '청약'이라는 것을 먼저 해야 합니다. 청약은 주식이 상장되기 전에 예약하는 것입니다. 공모주 청약 과정은 부동산 청약과 비슷합니다. 먼저 청약을 하기 위해서는 상장을 주관하는 증권사의 계좌가 있어야 합니다. 38커뮤니케이션(www.38.co.kr) 사이트에 들어가면 공모 일정과 주관사의 정보를 확인할 수 있습니다. 사이트에서 청약 경쟁률과 기업 정보도 확인할 수 있습니다.

증권 계좌 개설   청약 신청   증거금 납입   배정

청약할 때는 증거금을 먼저 내야 합니다. 증거금은 대부분 50%입니다. 예를 들어 주당 1만 원인 공모주를 청약하려면 50%인 5,000원을 내야 청약이 가능합니다. 청약은 경쟁률이 1:1을 넘어가는 경우가 많습니다. 이때는 청약을 신청한 비율에 따라서 주식을 배정받습니다. 예를 들어 100주를 청약했는데 경쟁률이 100:1이면 1주를 배정받을 수 있습니다.

이때 청약한 100주의 증거금 중 99주에 해당하는 증거금은 돌려받습니다. 환불일은 보통 청약 마감일 + 2일입니다. 주말이 중간에 끼어 있으면 기간이 더욱 길어집니다. 증거금은 대부분 큰돈이기 때문에 환불일을 꼭 확인해야 합니다. 청약 신청은 ARS, 스마트폰 앱, HTS를 통해서 할 수 있습니다.

청약이 완료되고 주식이 상장된 첫날의 시초가는 공모가의 90~200% 범위에서 형성됩니다. 공모 가격이 1만 원이었다면 시초가의 가격은 보통 9,000원에서 20,000원 사이에서 결정됩니다. 시초가는 상장 당일 08~09시 사이에 동시호가로 정해집니다. 시초가격이 정해지고 9시가 되면 이때부터는 다른 주식들과 같이 거래됩니다.

주식 청약의 허와 실

공모주가 주식 시장에 상장한 뒤에 반드시 상승하는 것은 아닙니다. 때로는 하락하는 경우도 있습니다. 공모가를 평가할 때 절대적인 평가 방법은 없습니다. 그래서 상장을 주관하는 증권사의 의중이 자연스럽게 들어갑니다. 이때 기업 가치보다 공모가격이 높게 평가될 수 있습니다. 또한 개인에 비해 많은 물량을 가지고 있는 기관 투자자가 상장 당일에 대량의 물량을 매도한다면 주가 하락으로 이어질 수 있습니다.

공모주에 투자하기 전에는 두 가지를 확인해야 합니다. 먼저 청약

경쟁률이 높은 공모주에 투자해야 합니다. 청약 경쟁률이 높을수록 상장일의 종가가 공모가보다 높은 경우가 많습니다. 그리고 기관이 언제 공모주를 팔 수 있는지 확인해야 합니다. 두 번째는 기관의 의무 보유 기간을 확인해야 합니다. 기관 투자자는 공모주를 많이 배정받는 조건으로 상장 후 일정 기간 주식을 의무적으로 보유합니다. 대량으로 배정받은 기관 투자자가 시장에 물량을 쏟아낸다면 주가가 하락할 것입니다. 위 두 정보 모두 38커뮤니케이션 사이트에서 확인할 수 있습니다.

생각을 키우는 Q

아직 상장되지 않은 기업 중에 좋은 기업을 알고 있나요? 만약 그렇다면 그 기업을 기억해두세요.

14

세계 제일의
주식 시장 '미국'

#박스피 답답해 탈출 #미국 주식 이것만 알자
#세금은?

코스피 지수는 2007년에 2,000포인트를 돌파한 후 상승과 하락을 반복했습니다. 답답한 사람들은 코스피가 상자에 갇혔다고 해서 '박스피'라고 부르기 시작했습니다. 시장이 전체적으로 답답하니 주식에 투자한 사람들의 수익률 역시 답답한 상태였습니다. 기다림에 지친 투자자들은 국내가 아닌 해외로 눈을 돌리기 시작했습니다. 이때 세계 시가총액의 40%를 차지하는 미국 주식 시장이 많은 투자자들의 눈에 들어왔습니다.

2008년 금융위기 이후 미국은 금리를 0%로 내리면서 돈을 찍어내기 시작했습니다. 이때 풀린 돈이 미국 주식 시장으로 향하면서 페이스북, 아마존, 넷플릭스, 구글 같은 IT 기업들이 미국의 주가 상승을 견인했습니다. 또한 미국의 주식 시장은 주주 친화 정책이 확고하게 자리 잡아 수익을 꾸준히 주주들에게 배당하는 기업이 많습니다. 주가 상승과 배당이라는 매력이 투자자들의 마음을 움직이기에 충분했던 것입니다.

미국 주식, 이것은 꼭 알고 가자!

미국 거래소는 크게 뉴욕증권 거래소NYSE와 나스닥 거래소NASDAQ가 있습니다. 두 거래소 모두 뉴욕에 있습니다. 뉴욕증권 거래소는 우리나라의 코스피, 나스닥 거래소는 코스닥과 비슷합니다. 다만 나스닥 시장에는 우리가 잘 알고 있는 마이크로소프트, 인텔, 구글, 애플 등 IT 기업들이 상장되어 있어서 코스닥과 비교할 수 없을 정도로 크고 성숙한 시장입니다.

계좌 개설 → 프로그램 설치 → 환전 → 거래 → 뉴욕증권 거래소 NYSE / 나스닥 거래소 NASDAQ

거래시간 밤 11시 30분 ~ 다음날 오전 6시
(서머타임 적용 시 1시간 앞당겨짐)

미국 주식을 거래하려면 먼저 국내 증권사나 은행에 가서 해외증권 계좌를 개설해야 합니다. 계좌를 개설한 후 원화를 달러로 바꿔야 합니다. 달러를 가지고 있다면 직접 입금하면 되고, 없다면 원화를 입금한 후 증권사에서 제공하는 환전 서비스를 이용하면 됩니다. 스마트폰에서 환전하거나 증권사에 전화해서 환전할 수 있습니다.

미국 주식 시장은 우리나라 기준으로 밤 11시 30분부터 다음 날 오전 6시까지 열립니다. 여름 시즌에는 시계를 1시간 앞당기는 서머타임 제도가 있습니다. 이 기간에는 밤 10시 30분부터 다음날 새벽 5시까지 시장이 열립니다. 잠을 자야 하는 시간이므로 '예약 주문'을 이용해서 거래해야 합니다. 미국 주식 시장은 정규 장이 열리기 전 '프리마켓' 90분과 정규 장이 끝난 후 애프터마켓 60분이 있습니다. 프리마켓과 애프터마켓 이용 가능 여부는 증권사마다 다릅니다. 거래 시간이 단축되는 경우도 있습니다. 크리스마스이브와 블랙프라이데이 전날은 반나절만 거래할 수 있습니다.

증권 계좌를 가입한 증권사의 해외 주식 프로그램을 스마트폰이나 컴퓨터에 설치해서 거래할 수 있습니다. 미국 주식의 가격은 15분 정도 지연된 시세가 제공됩니다. 실시간 시세를 보고 싶다면 매월 이용료를 내야 합니다. 하지만 미국 주식 시장은 기업 실적 기반으로 움직이기 때문에 실시간 시세가 중요하지 않습니다.

국내 시장과 달리 미국 주식 시장은 상한가와 하한가 제도가 없습니다. 우리나라의 주식 시장은 개별 종목의 가격 왜곡을 막기 위해 상한가와 하한가 제도를 만들었습니다. 하지만 미국 주식 시장은 워낙 거대하기 때문에 개인이나 특정 집단이 주가 조작을 하기가 어렵습니다. 자본 시장이 그만큼 성숙했다는 뜻입니다.

마지막으로 미국 주식 투자 시 환율을 챙겨야 합니다. 미국 달러로 환전해서 주식을 매수하기 때문에 주가뿐만 아니라 환율에 따라서도 손익이 달라집니다. 환율이 재테크에 미치는 영향은 뒤에서 좀 더 자세히 알아보겠습니다.

미국 시장의 세금은?

미국 주식 시장은 세금 부과 방식이 다릅니다. 국내 주식은 0.3%의 거래세만 내면 됩니다. 미국 주식을 포함한 해외 주식에 투자하면 차익에 양도소득세 22%를 내야 합니다. 예를 들어 미국 주식 A에서 800만 원의 수익을 내고 B에서 450만 원의 손실을 봤다면 350만 원에 대한 양도소득세를 내야 합니다. 250만 원까지는 공제 대상이라 이를 제외한 100만 원이 과세 대상입니다. 100만 원에서 0.22를 곱한 22만 원의 양도소득세를 국내에 내야 합니다.

해당 주식에서 받은 배당금도 과세 대상입니다. 배당을 해외에서 받으면 현지에 세금을 냅니다. 이때 세율 14%를 초과하면 국내에 내지 않아도 됩니다. 반대로 14% 미만으로 냈다면 국내에도 추가로 세금을 내야 합니다. 미국 주식 배당금은 세금 15%를 제외한 금액을 받습니다. 그래서 국내에서 추가로 내는 세금이 없습니다.

다만 배당소득은 '금융소득 종합과세'라는 곳에 포함이 됩니다. 배당소득이 이자 수익 등 다른 금융소득과 합산해 연 2,000만 원을 초과하면 금융소득 종합과세 대상입니다. 다른 소득과 합산해서 종합소득세를 신고해야 합니다.

15

개미와
주식 시장

#공매도 때문이야 #주식의 마이너스통장
#세금으로 강제 장기투자

거대한 자본을 가지고 있는 기관과 외국인 투자자가 아닌 개인 투자자를 '개미 투자자'라고 부릅니다. 주식 시장에서 개미 투자자들이 흘린 피눈물은 이루 말할 수가 없습니다. 그래서 주식 투자를 생각하면 굉장히 부정적인 이미지가 떠오릅니다. 개미 투자자들이 주식 시장에서 쓴맛을 많이 보았기 때문입니다. 열심히 공부하고 각종 뉴스와 정보를 열심히 찾아보는 데도 쓴맛을 보는 이유는 무엇일까요?

주식을 경험한 많은 개미 투자자들은 입을 모아서 '공매도' 때문이라고 외칠 것입니다. 공매도가 기승을 부리면 주가가 하락해 개미 투자자들이 손해를 입는다고 합니다. 그러면서 '공매도' 폐지를 주장하고 있습니다. 분명히 우리나라 주식 시장은 아직 선진국에 비해 부족한 점이 많습니다. 이로 인해 선량한 일반 투자자들이 손해 보는 사례도 생깁니다. 개미들에게 유익한 주식 시장의 규칙에 대해 알아보겠습니다.

공매도 때문이야!

공매도空賣渡의 공은 空(빌 공)으로 빈손으로 판매한다는 뜻입니다. 주식 시장의 마이너스통장 개념이라고 생각하면 됩니다. 주식의 마이너스통장에서 먼저 주식을 꺼내 비싸게 팔아서 현금을 마련하는 것입니다. 이 과정에서 주식이 시장에 많이 나오면 가격이 하락합니다. 가격이 하락했을 때 주식을 다시 매수해서 마이너스통장에 입금하는 식으로 거래하는 것입니다. 이 같은 공매도를 활용해서 중간에 생기는 시세 차익을 남깁니다.

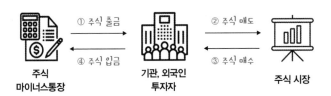

문제는 개인 투자자들이 공매도를 이용하는 것이 사실상 불가능에 가깝다는 점입니다. 결국 많은 자본을 가지고 있는 기관과 외국인 투자자는 공매도를 활용해서 시장을 원하는 방향으로 이끌어가면서 수익을 챙길 수 있습니다. 반대로 개인 투자자는 공매도를 사실상 사용할 수 없는 핸디캡을 가지고 출발하는 것입니다. 또한 대량의 공매도로 주식이 시장에 많이 풀리면 주식 가격이 하락할 가능성이 커집니다. 결국 높은 가격으로 먼저 주식을 매수한 개미 투자자는 손해를 보는 것입니다.

공매도에 대한 개미 투자자들의 원성이 끊이지 않자 금융당국에서도 개선 방안을 검토하고 있습니다. 하지만 금융당국은 공매도를 아직 유지하고 있습니다. '주식 시장에 유동성을 공급해서 거래를 원활하게 하고, 고평가된 주식을 적정 가격으로 유도한다'라는 순기능을 이유로 들어서입니다.

세금으로 강제 장기투자

주식을 매도할 때 코스피와 코스닥은 0.25%의 거래세를 내지만 양도차익에는 세금을 내지 않습니다. 물론 지분율 코스피 1%, 코스닥 2% 혹은 시가총액 합계액이 15억 원 이상인 자는 양도차익에 대해 20%의 세금을 내야 합니다. 하지만 앞으로 세금을 내는 구간은 점점 낮아질 것입니다. 결론적으로 소액투자자를 제외하면 대부분 주식 양도차익에 세금을 내야 할 것입니다.

세금을 올린다는 이야기를 듣는 것만으로도 화가 납니다. 하지만 장단점을 냉정하게 잘 생각해봐야 합니다. 잦은 거래가 줄어들면 빠르게 팔고 빠지는 방법으로 수익을 보는 사람들과 세력이 자연스럽게 줄어들 것입니다. 양도차익에 세금이 붙으면 '장기투자' 문화가 자연스럽게 자리 잡을 것입니다.

　금융 선진국으로 불리는 미국, 영국, 일본 등도 모두 주식 양도차익에 과세하고 있습니다. 양도차익이 있어도 주식이 상승하는 데는 전혀 지장이 없다는 말입니다. 현재 우리나라 주식 시장도 차츰차츰 선진국을 따라가고 있습니다. 양도차익에 세금이 생기니 갑자기 화가 날 수 있습니다. 하지만 멀리 바라본다면 '장기투자' 문화가 자리 잡아 우리나라도 선진 시장으로 거듭나는 계기가 될 것입니다.

생각을 키우는 Q

왜 항상 개미 투자자들은 주식 시장에서 눈물을 흘려야 할까요?

_____

_____

영국을 굴복시킨 투자자, 조지 소로스

기존 경제학의 단점을 꼬집은 투자자

조지 소로스George Soros는 헤지펀드를 운용해 국제 핫머니를 주도한 헤지펀드의 대부입니다. 하지만 그에게는 항상 '자본주의의 악마'와 '박애주의의 실천가'라는 상반된 두 가지 평가가 따라다닙니다. 때로는 성공 투자를 위해 한 나라의 경제위기까지 만들었을 정도로 냉혹하지만 자신의 막대한 재산을 자선 사업에 기부할 정도로 따뜻한 가슴을 가졌기 때문입니다.

1997년 소로스가 동남아 외환시장을 공격하자 이들 국가들을 시작으로 금융위기가 번져서 우리나라에까지 영향을 미치게 되었습니다. 소로스는 당시 말레이시아 총리로부터 동남아시아 통화위기의 주범으로 지목받기도 했습니다. 우리나라 상황이 어려워지자 당시 김대중 대통령 당선자는 소로스를 만나 한국에 투자를 부탁했습니다. 자금난에 시달리는 한국 기업들에게 긍정적인 역할을 했던 소로스 역시 막대한 이익을 챙겼습니다.

'소로스'가 세계적으로 유명해진 계기는 1992년 9월 16일 파운드화 폭락 사태에 관여한 것 때문입니다. '검은 수요일'이라 불리는 이날, 파운드화의 가치는 20%나 떨어졌습니다. 당시 소로스의 퀀텀 펀드가 파운드화를 투매하면서 영국 정부의 환율 하락 방어정책을 무너뜨렸습니다. 이때 10억 달러로 단 2주 만에 한화 1조 원 이상을 벌어들였습니다. 그는 영국의 중앙은행을 굴복시키면서 '영란은행의 파괴자'라는 별명과 함께 새로운 거물로 등장했습니다.

소로스의 등장은 단순한 거물 투자자의 등장만을 의미하지는 않습니다. 그는 경제학 원론을 철저히 무시했습니다. 그는 "경제학은 자연과학을 닮으려고 한다. 완벽한 이론 구성을 하고 있지만, 현실은 원론에서 멀리 떨어져 있다. 경제학은 이상론에 불과하다. 인간은 불완전하게 생각하고 이해하며, 균형이란 달성할 수 없는 것이다"라고 말했습니다. 소로스의 등장과 성공은 기존 경제학의 단점을 아프게 꼬집는 도전이었습니다.

그는 시장 가격이 언제나 잘못됐다고 생각했습니다. 시장에는 반드시 왜곡이 있고, 그 왜곡은 곧 무너질 것이라고 믿었습니다. 그는 시장 가격과 시장 참여자의 잘못된 인식 차이는 산사태처럼 순식간에 붕괴될 위험요소를 품고 있다고 생각했습니다. 정부가 잘못된 정책으로 시장 가격을 유지하려고 안간힘을 쓰거나, 어리석은 투자자들이 왜곡된 시장에서 탐욕에 빠져 있을 때 소로스가 등장했고 막대

한 이익을 남겼습니다.

철학자, 조지 소로스

소로스는 1930년 헝가리 부다페스트에서 태어났습니다. 그는 15세 때 독일군과 소련군 사이에서 벌어진 15일간의 부다페스트 시가전을 목격했습니다. 나중에 소로스는 이때의 경험이 투자의 원리를 깨닫는 계기가 됐다고 말했습니다. 이렇게 그는 어려서부터 '생존'이 무엇인지 철저하게 몸으로 배웠습니다. 그는 1947년 헝가리가 공산화되자 영국으로 탈출했습니다.

외롭고 궁핍한 런던 생활은 쉽지 않았습니다. 소로스는 빈민가를 전전하며 여러 아르바이트를 하면서 직업을 찾아 다녔습니다. 접시 닦기, 식당 웨이터, 페인트공, 여행사 세일즈맨 등을 하면서 힘겹게 살았습니다. 훗날 "내 인생에서 가장 어려웠던 시절이었다"고 회상할 정도였습니다. 이런 힘든 시기에도 그는 아리스토텔레스, 마키아벨리, 홉스와 같은 철학 고전을 탐독했습니다. 그는 런던 정경대학에서 철학을, 대학원에서는 경제학을 공부했습니다. 대학 시절 만난 철학 교수 칼 포퍼로부터 논리적 사고를 전수받았습니다. 이는 훗날 세계 최고의 펀드매니저를 만든 토양이 되었습니다.

재미있게도 그는, 1956년 26살이 되자 빨리 50만 달러를 벌어서 그 돈으로 철학자가 된다는 꿈을 품고 미국으로 진출했습니다. 결과적으로 꿈을 이루지는 못했지만 투자계의 거물로 성장했습니다. 그는 철학 공부와 포퍼의 사상을 기반으로 자신만의 투자이론인 '재귀성이론'을 만들어 성공했습니다. 그의 이론은 주류 경제학파들에게 논할 가치도 없는 이론이라는 혹평을 받고 있습니다. 하지만 연평균 35%라는 성과를 낼 정도로 시장을 꿰뚫는 그의 이론은 기존 경제학을 지금도 아프게 꼬집고 있습니다.

3

주식의 동생들, 펀드와 ETF

01

종합선물세트 '펀드'

#펀드 누가 움직일까? #주식형, 채권형, 혼합형
#공모와 사모펀드

펀드를 한 단어로 쉽게 정의한다면 '종합선물세트'라고 할 수 있습니다. 마트나 백화점에서 살 수 있는 종합선물세트는 좋은 물건을 한곳에 담아서 소비자에게 팝니다. 적은 금액으로 필요한 다양한 상품을 살 수 있어서 좋습니다. 마찬가지로 펀드는 주식, 채권, 부동산 등 각종 금융상품을 조금씩 담은 종합선물세트입니다. 비교적 적은 금액으로 좋은 금융상품을 최대한 많이 담을 수 있다는 장점이 있습니다.

좋은 펀드는 투자 성공률을 높이는 데 큰 도움이 됩니다. 주식은 기업을 선택해서 투자합니다. 좋은 안목과 인내심, 자금, 정보력 등이 있다면 투자에 성공하기 쉽습니다. 하지만 대부분의 사람은 모두 갖추기 어려운 덕목들입니다. 펀드는 이런 어려움을 해결해줍니다. 많은 사람이 자본을 모으면 자금을 확보할 수 있고, 정보와 고급 인력을 쉽게 이용할 수 있기 때문입니다.

펀드 누가 움직일까?

펀드의 종류는 수천 건이 될 정도로 다양합니다. 그래서 성격에 따라 분류한 펀드를 살피면서 자신에게 맞는 펀드를 찾아야 합니다. 먼저 펀드는 '투자신탁'과 '뮤추얼펀드'로 나눌 수 있습니다. 우리가 살 수 있는 대부분의 펀드 이름에는 '투자신탁'이라는 말이 들어 있습니다. 신탁이라는 말에 담긴 의미처럼 나의 돈을 계약을 통해서 맡기는 것입니다.

은행이나 증권회사를 통해서 구매할 수 있지만, 돈을 위탁받아서 운용하는 회사는 별도로 있습니다. 이 운용회사에서 일하는 펀드매니저라는 투자 전문가들이 자금을 투자합니다. 펀드의 수익은 여기서 결정되기 때문에 돈을 운용하는 회사의 성적을 우선적으로 살펴봐야 합니다. 한편 펀드를 운용하는 회사는 자금을 보호하고 투명성을 높이기 위해 별도의 회사에 자금을 보관합니다.

또 다른 형태의 펀드는 '뮤추얼펀드'입니다. '투자신탁'이 계약을 통해 돈을 맡기는 것이라면, '뮤추얼펀드'는 투자회사의 주식을 사는 것입니다. 두 펀드는 계약자와 주주의 차이가 있을 뿐 다른 점에서는 큰 차이가 없습니다. 우리나라의 펀드는 대부분 '투자신탁'이고 미국은 '뮤추얼펀드'가 발달했습니다.

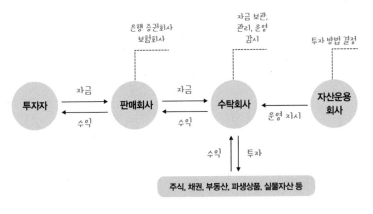

펀드 운용 구조

투자 대상에 따른 분류

펀드는 투자 대상에 따라 주식형, 채권형, 혼합형으로 나눌 수 있습니다. 주식형 펀드는 주식 또는 주식 관련 파생상품에 60% 이상 투자하는 상품으로 주가 상승에 따른 고수익을 기대할 수 있는 펀드입니다. 하지만 반대로 주가가 내려가면 손해를 봅니다. 그러므로 안전보다는 수익을 바라는 투자자들에게 좋은 펀드입니다.

채권형 펀드는 채권 또는 채권 관련 파생상품에 60% 이상 투자하는 상품으로 국가나 기업 등에 돈을 빌려주고 이자를 받는 펀드입니다. 주식형보다 안전성이 높지만, 수익성이 낮습니다. 수익보다는 안전을 바라는 투자자들에게 좋은 펀드입니다.

혼합형 펀드는 주식과 채권을 혼합한 펀드입니다. 투자 비중에서 채권이 높으면 채권혼합형 펀드, 주식 비중이 높으면 주식혼합형 펀드입니다. 펀드 하나로 동시에 주식과 채권에 분산투자를 하기 때문

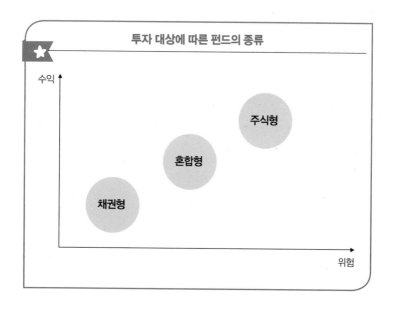

에 안정성과 수익성 두 마리 토끼를 잡을 수 있는 장점이 있습니다.
단점은 다양한 곳에 투자하기 때문에 수수료가 높습니다.

공모와 사모펀드

공모펀드는 50인 이상의 다수 투자자로부터 자금을 모아 운용하
는 펀드입니다. 반대로 사모펀드는 49인 이하의 소수 투자자로부터
자금을 운용하는 펀드입니다. 공모펀드는 펀드 규모의 10% 이상을
한 주식에 투자할 수 없고, 채권 등 유가증권에도 한 종목에 10% 이
상 투자할 수 없습니다. 하지만 공모펀드와는 달리 운용 대상에 제한
이 없는 만큼 자유로운 운용이 가능합니다. 특정 기업의 주식을 사

들여서 경영권도 장악할 수 있습니다. 이를 이용해서 기업을 인수·
합병해서 많은 돈을 벌기도 합니다.

생각을 키우는 Q

내가 가지고 있는 펀드는 어떤 펀드인가요?

_____

_____

02

복잡한 펀드 이름, 어떻게 짓는 걸까?

#펀드 이름을 알려줘 #펀드 정보는 어디에?
#거치식과 적립식

펀드에 가입하기 위해 펀드 상품의 이름을 찾다 보면 매우 당황하게 됩니다. 이유는 이름이 너무 아리송해서 여러 번 읽어도 무슨 뜻인지 알 수 없기 때문입니다. 이런 길고 복잡한 펀드 이름 때문에 펀드 가입을 망설이기도 합니다. 그래서 직원이나 지인의 추천을 받아서 펀드에 가입해서 낭패를 보는 경우도 있습니다.

펀드의 이름이 길고 복잡한 데는 다 그만한 이유가 있습니다. 하지만 이름의 구조와 규칙만 알면 펀드의 성격을 쉽게 파악할 수 있습니다. 투자설명서의 핵심 키워드만 쏙쏙 뽑아놓은 것이 펀드의 이름이기 때문입니다. 따라서 자신에게 적합한 펀드를 쉽고 빠르게 고를 수 있는 가장 좋은 방법은 펀드 이름을 이해하는 것입니다.

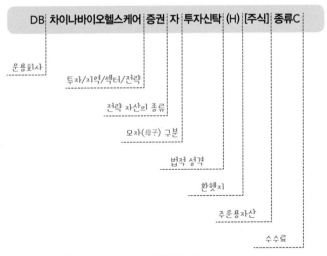

| DB | 차이나바이오헬스케어 | 증권 | 자 | 투자신탁 | (H) | [주식] | 종류C |

운용회사

투자/지역/섹터/전략

전략 자산의 종류

모자(母子) 구분

법적 성격

환헷지

주운용자산

수수료

펀드 이름의 순서

펀드 이름을 알려줘

펀드의 이름을 붙일 때는 순서가 있습니다. 처음에 표기된 'DB'는 펀드를 운용하는 회사의 이름입니다. 예시에서는 DB자산 운용회사를 말합니다. 두 번째 '차이나바이오헬스케어'는 투자 지역, 투자하는 산업, 투자 전략을 잘 나타내는 단어를 요약한 것입니다. 펀드 투자 전략의 상징 투자 전략 혹은 핵심을 드러내는 키워드입니다. 예시에서는 중국의 헬스케어 산업에 초점을 맞추고 투자한다는 것을 뜻합니다.

세 번째 '증권'은 자산의 종류입니다. 증권은 펀드의 운용자금을 주식·채권 등 유가증권에 투자한다는 뜻입니다. 부동산에 투자한다면 '○○부동산투자신탁', 농산물, 에너지, 금, 은 등에 투자한다면 '○

○특별자산신탁'이라고 이름을 표시합니다. 네 번째 '자'는 모자母子 구분을 합니다. '자'가 들어가면 모母펀드가 따로 있다는 뜻입니다. 대부분의 펀드는 자子펀드입니다.

다섯 번째 '투자신탁'은 펀드의 법적 성격을 보여줍니다. 대부분의 펀드는 투자신탁형으로 만들어집니다. 여섯 번째 '(H)'는 환위험을 회피하기 위한 조처를 했다는 것입니다. 해외 펀드는 '(H)'가 대부분 들어가 있습니다. 일곱 번째 [주식]은 펀드 운용자산의 대표적인 성격을 보여줍니다. 앞에서 설명한 주식, 채권, 혼합 등의 분류가 있습니다.

마지막으로 '종류C-F'는 펀드의 수수료입니다. 우리가 매수하는 펀드는 A와 C가 가장 흔합니다. A형은 수수료를 미리 내는 선취형 펀드입니다. C형은 수수료가 모두 없으나 매년 지불하는 보수가 비싼 유형입니다. 온라인(HTS, MTS, 홈페이지 등)을 통해 가입하는 경우는 A-e클래스와 C-e클래스로 구분되어 표기됩니다. 'e'는 온라인을 통해서 구매한 펀드입니다. 'P'가 붙어 있는 펀드는 개인연금형 펀드입니다.

투자하기 전에 펀드에 관련된 정보를 확인하고 싶다면 '네이버 금융>펀드'에서 다양한 정보를 확인할 수 있습니다. 펀드 수익률, 국내와 해외 수익률 상위 펀드, 유형별 성과, 펀드 검색 등 펀드에 관한 다양한 정보를 확인할 수 있습니다.

거치식과 적립식

펀드 투자는 거치식과 적립식으로 나눌 수 있습니다. 거치식은 가지고 있는 목돈을 한꺼번에 투자하는 것입니다. 적립식은 매월 혹은 일정한 주기로 일정한 금액을 내는 방식입니다. 동일한 펀드에 투자하기 때문에 납입하는 방식에서만 차이가 있다고 생각할 수 있습니다. 하지만 상황에 따라 거치식과 적립식의 손익이 서로 다른 경우가 있습니다.

거치식은 주가지수가 상승하는 초기에 투자했다면 큰 수익을 낼 수 있습니다. 반대로 주가지수 하락기에 투자하면 원금을 잃을 수 있습니다. 매월 일정한 금액을 투자하는 적립식은 주가지수 상승기에 투자하면 매입 단가가 높아져 많은 이익을 볼 수 없습니다. 하지만 주가지수 하락기에 투자하면 매입 단가를 낮춰 수익률을 높일 수 있다는 장점이 있습니다.

생각을 키우는 Q

내가 가지고 있는 펀드 이름의 의미를 살펴보세요.

03

재테크 항공모함 '파생상품'

#파생상품은 무엇? #다양한 파생상품 #헤지펀드

경제 TV를 시청하거나 펀드를 구매하기 위해 은행에 방문했을 때 '파생상품'이라는 단어를 한 번쯤 들어봤을 것입니다. 펀드 이름에 '○○지수연계, 파생형, 파생재간접형' 등의 단어가 붙어 있다면 파생상품에 투자하는 것입니다. 왠지 파생상품은 '위험'하다고 생각해 멀리하게 됩니다. 개인 투자자들은 파생상품을 접할 기회가 적기 때문에 파생상품의 중요성을 모르는 경우가 많습니다. 하지만 자본 시장에 투자하기 위해서는 파생상품에 대해 반드시 알아야 합니다.

파생상품의 압도적인 규모로 인해 다양한 자산 시장이 영향을 받습니다. 2018년 코스피 하루 평균 거래대금은 6조 5,500억 원이었습니다. 한편 같은 기간 국내 장내 파생상품의 하루 평균 거래대금은 67조 3,000억 원으로 엄청난 차이가 난다는 것을 알 수 있습니다. 이렇게 되면 코스피가 파생상품에 영향을 주는 것이 아니라 파생상품이 코스피에 영향을 주게 됩니다. 파생상품은 주식뿐만 아니라 환율, 금, 석유, 금리 등과 바로 연결되어 있습니다. 즉 파생상품 시장의 흐름을 통해서 다양한 자산의 흐름도 같이 읽을 수 있다는 뜻입니다.

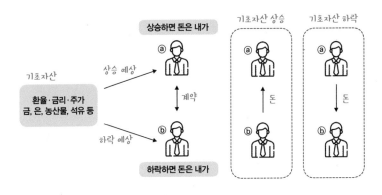

파생상품의 흐름

파생상품은 무엇?

파생상품이란 주식과 채권 등 전통적인 금융상품을 포함한 기초자산의 가치 변동에 따라 가격이 결정되는 금융상품을 말합니다. 파생상품 거래의 대상이 되는 기초자산은 환율, 금리, 주식, 채권 등의 금융상품과 금, 은, 농산물, 축산물, 석유 등의 일반상품 모두가 해당

합니다. 기본적으로 위험하다고 판단되는 모든 것을 계약하고 거래할 수 있습니다. 우리에게 익숙한 비트코인도 시카고 상품거래소$_{CME}$에서 파생상품 중 하나인 선물로 거래되고 있습니다.

파생상품의 종류에는 선물$_{futures}$, 옵션$_{options}$, 스와프$_{swaps}$가 있습니다. 선물은 미래의 특정 시점에 특정 가격으로 사고팔기를 약정하는 '계약'입니다. 옵션은 기초자산을 미래의 특정 시점 또는 특정 기간 동안 미리 정한 가격, 즉 행사가격으로 '살 권리$_{call}$'와 '팔 권리$_{put}$'를 사고파는 계약입니다. 부동산 시장에서 당첨된 분양권을 다른 사람에게 파는 것과 비슷합니다. 스와프는 '미래의 현금흐름'을 서로 교환하는 계약입니다. 대표적인 통화 스와프는 서로 다른 통화를 사용하는 국가들이 상대방의 통화를 약정된 환율로 거래하는 것입니다.

이렇게 많은 파생상품이 생겨난 이유는 '위험'을 회피하기 위해서입니다. 그런데 왜 파생상품이 굉장히 위험하다고 하는 걸까요? 이는 파생상품이 다름 아닌 '제로섬 게임'의 성격을 갖고 있기 때문입니다. 파생상품 시장에서는 누군가 돈을 잃은 만큼 누군가 돈을 버는 구조입니다. 즉 자본, 기술, 인재, 정보를 가진 사람이 이기고 모든 것을 가져가는 구조입니다. 개인 투자자가 파생상품 시장에 들어간다는 것은 튜브를 타고 '금융 항공모함'에 돌진하는 것과 같습니다. 한 번만 공격을 받아도 모든 것을 잃을 수 있기 때문에 위험하다고 하는 것입니다.

헤지펀드

이런 파생상품에 주로 투자하는 펀드가 '헤지펀드hedge fund'입니다. 헤지펀드는 소수의 투자자로부터만 자금을 받습니다. 우리나라의 헤지펀드 규모는 2017년 약 12조에서 2019년 30조 원대로 급성장했습니다. 대표적으로 조지 소로스의 퀀텀 펀드를 들 수 있습니다. 경제 뉴스에 종종 '○○나라의 환율이 투기꾼들의 공격으로 폭락해서 금융시장이 요동치고 있다'라는 내용이 나옵니다. 거대한 자본, 기술, 인재, 정보를 가진 '금융 항공모함'이 파생상품을 통해서 단기간에 고수익을 노리며 생기는 사건입니다.

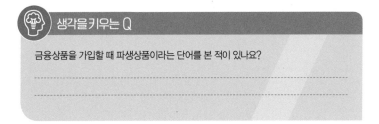

생각을 키우는 Q

금융상품을 가입할 때 파생상품이라는 단어를 본 적이 있나요?

04 초보자를 위한 펀드들

#초보를 위한 ETF #레버리지와 인버스
#ELS, ELD, ELF는?

앞에서 살펴본 것처럼 펀드의 종류는 정말 다양하고 많습니다. 초보자라면 어디서부터 투자나 공부를 시작해야 할지 당황하게 됩니다. 이때 가장 도움이 되는 것이 'ETF'입니다. 초보 투자자가 큰 금액이 아니라 소액으로 펀드와 주식을 동시에 공부하기 아주 좋은 상품이 바로 'ETF'입니다. ETF를 기준으로 하면 다른 상품들을 공부하기 편하기 때문입니다. ETF 외에도 ELS, ELD, ELF처럼 이름이 비슷한 펀드들이 있습니다.

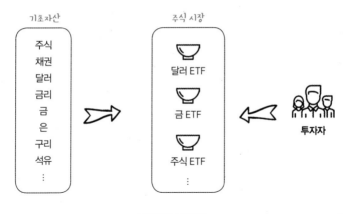

기초자산

주식 시장

주식
채권
달러
금리
금
은
구리
석유
⋮

달러 ETF

금 ETF

주식 ETF

⋮

투자자

ETF 거래 흐름도

펀드를 쪼개서 파는 ETF

ETF_{Exchange Traded Fund}는 펀드를 쪼개서 주식 시장을 통해 사람들에게 주식처럼 판매하는 상품입니다. 은행과 증권사가 아닌 주식 시장을 통해서 구매하기 때문에 판매보수 및 수수료가 없습니다. 또한 ETF는 주식처럼 1주도 거래할 수 있습니다. 일반 주식처럼 언제든지 쉽게 매매할 수 있어서 환금성이 뛰어납니다. 적은 비용으로 펀드와 주식 공부를 시작하려는 사람에게 ETF는 아주 좋은 투자 수단입니다.

ETF의 또 다른 장점은 분산투자가 매우 쉽다는 것입니다. 예를 들어 베트남 ETF, 중국 ETF를 1주만 사는 것으로 베트남과 중국 주식 전체에 투자하는 효과를 가집니다. ETF를 구성하고 있는 투자 대상은 주식, 채권, 금, 원유, 달러 등 소액으로 접근하기 힘든 자산까지 포함되어 있습니다. 이런 이유로 쉽게 분산투자를 할 수 있습니다.

주의해야 할 점은 ETF의 종류가 많아서 때로는 거래량이 적은 ETF도 있습니다. 거래량이 적으면 환금성이 떨어지기 때문에 될 수 있는 대로 피하는 것이 좋습니다. 또한 ETF 역시 파생상품이기 때문에 장기투자 시 기초자산의 실제 가치와 완벽하게 일치하지 않아 다른 결과가 나올 수 있습니다. 그렇기 때문에 장기투자보다는 시장이 급변할 때 단기투자하는 것이 유리합니다.

국내 ETF 중 대표적인 상품에는 KODEX200 ETF가 있습니다. 코스피 상위 200개 종목인 삼성, LG, 현대 등과 같은 대기업 주식 200개를 조금씩 덜어서 담은 것입니다. 이밖에도 석유, 달러, 금과 같은 다양한 ETF 상품이 있으므로 경제와 금융에 대한 지식을 공부하고 싶다면 이를 다양하게 활용할 수 있습니다.

레버리지와 인버스

ETF에는 종종 '레버리지'와 '인버스'라는 단어가 붙습니다. 레버리지는 '×2'를 뜻하고, 인버스에는 '×-1'과 비슷한 의미가 담겨 있습니다. ETF 레버리지 같은 경우 기초자산의 상승과 하락에서 ×2한 만큼 상승과 하락을 합니다. 인버스는 기초자산의 상승과 하락에서 ×-1을 하는 것으로 기초자산과 반대로 움직입니다. 즉 인버스는 기초자산 가격이 상승하면 돈을 잃고, 기초자산이 하락하면 돈을 버는 구조입니다.

이를 이용해서 코스피가 상승할 때 '코덱스 레버리지'로 수익을

2배로 챙기고, 코스피가 하락할 때 역시 '코덱스 인버스'를 통해서 수익을 챙길 수 있습니다. 실제로 2011~2016년 동안 코스피가 2,000 근방에서 횡보할 때 인기를 끌었던 투자 전략입니다. 하지만 이런 전략이 항상 성공하는 것은 아닙니다. 2017년부터 주가가 상승하기 시작해 2,600을 돌파하자 '인버스'에 투자한 투자자들은 손해를 입었습니다.

ELS, ELF, ELD는?

ELS, ELF, ELD 모두 주식 연동 계좌입니다. 'EL'은 'Equity Linked'의 줄임말로 주식과 연결되어 있다는 뜻입니다. 따라서 '주식 연동 계좌'라고 부릅니다. 다만 세 상품의 주식을 사는 비율이 조금 다를 뿐입니다. 대부분은 원금이 보장되는 국공채 같은 곳에 투자하고 약간의 비율만 주식에 투자합니다.

ELD Equity Linked Deposit는 원금이 보장되는 안전한 곳에 투자해 예금자 보호를 받습니다. 원금에서 나오는 '이자'만 코스피에 투자해서 이자를 지급합니다. 원금은 보장되지만, 수익률이 낮습니다. ELS Equity Linked Securities는 일부 원금을 고위험 고수익 상품에 투자합니다. ELD보다 고수익 상품이지만 원금을 손실할 가능성이 있습니다. ELF Equity Linked Fund는 여러 ELS를 모아서 파는 '펀드'입니다. ELF 와 ELS의 수익구조는 같습니다.

05

만 원이면
나도 건물주

#이제 리츠 #부동산 펀드 #인프라 펀드

한때 '조물주 위에 건물주'라는 말이 유행했습니다. 초등학생들까지 장래 희망이 건물주라고 말할 정도로 사회적으로 큰 관심을 받았습니다. 이렇게 된 사회적 배경은 저금리의 장기화 탓이 큽니다. 낮은 은행 이자보다는 수익률이 높은 수익형 부동산에 사람들의 관심이 쏠린 것입니다. 여기에 건물에서 나오는 임대 수익으로 노후를 준비하려는 베이비붐 세대까지 가세하며 '건물주'는 한국인의 로망으로 자리 잡았습니다.

하지만 건물주가 되려면 많은 자본이 필요하기 때문에 누구나 되기는 힘든 일입니다. 건물주가 되어서도 이를 유지하기가 쉽지 않습니다. 건물을 유지하려면 주택 관리, 세입자와의 갈등, 종합소득세,

부가가치세 등 골치 아픈 문제가 많기 때문입니다. 이런 문제없이 건물주와 같은 수익을 누릴 수 있는 다양한 펀드들이 있습니다. 리츠REITs, 부동산 펀드가 대표적입니다. 이런 펀드를 잘 이용하면 적은 금액으로도 '건물주'와 같은 수익을 올릴 수 있습니다.

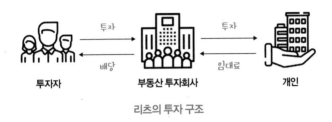

리츠의 투자 구조

이제는 리츠

리츠REITs: Real Estate Investment Trusts는 1960년 미국에서 최초 도입된 다음 2000년 이후 유럽과 아시아 지역에 급속히 유행하고 있는 투자 방법입니다. 리츠는 부동산 투자회사를 통해서 투자합니다. 일부 회사는 주식 시장에 상장되어 있기도 합니다. 개인 투자자들도 주식 시장에서 리츠 기업의 주식을 매수할 수 있습니다. 리츠 투자를 통해 오피스 빌딩, 백화점, 호텔 같은 부동산을 일반 대중이 주주로서 소유하고 수익을 같이 누릴 수 있게 되었습니다.

리츠는 투자자에게 정기적인 배당수익을 제공해야 하기에 주로 안정적인 임대 수익이 발생하는 상업용 부동산에 투자하는 것이 특징입니다. 또한 부동산을 담보로 발행되는 부동산담보증권MBS에 투

자하거나, 부동산 개발에 자금을 대주는 프로젝트 파이낸싱에 참여하는 등 부동산을 통해 자금을 운용합니다

리츠는 100만 원, 50만 원, 심지어 1만 원 미만의 소액으로도 부동산에 투자할 수 있는 것이 장점입니다. 또한 증시에 상장된 리츠 기업의 주식은 언제든지 팔 수 있기 때문에 손쉽게 현금화할 수 있습니다. 부동산이라는 실물자산에 투자했기 때문에 가격 또한 안정적이고, 환금성과 안전성 모두가 뛰어난 투자 상품입니다.

하지만 2018년까지 우리나라 증시에 상장된 리츠 기업은 손에 꼽을 수 있을 정도로 수가 적었습니다. 2019년부터 정부는 리츠 활성화를 위해 공공자산 개발과 시설을 운영하는 민간사업자 선정 시 우대하기로 하는 등의 방식으로 적극 지원하기 시작했습니다. 특히 배당소득에 대해 세율 9%만 부담하고 다른 종합소득에 합산하지 않는 혜택이 매력적입니다. 정부가 리츠 시장을 활성화하기 위해 많은 노력을 하고 있으니 앞으로 재테크 시장에도 '리츠'가 새로운 변화를 일으킬 것입니다.

부동산 펀드는?

리츠는 투자자로부터 모은 자금을 부동산에 투자하는 주식회사입니다. 따라서 리츠 투자자는 기본적으로 주주의 권리를 갖게 됩니다. 부동산 펀드는 투자자로부터 자금을 모집해 부동산을 매입하거나 개발, 대출 등에 운용하는 '펀드' 상품입니다. 부동산 펀드는 대개

1~3년 안팎의 상품이 주를 이루고 있습니다. 반면 리츠는 주식회사이기 때문에 주식을 다른 사람에게 매도하거나 회사가 청산하기 전까지 투자하는 장기투자라 할 수 있습니다.

부동산 펀드는 증권회사나 은행 등에서 비정기적으로 판매합니다. 투자를 원한다면 어떤 상품을 판매하고 있는지 수시로 체크해야 합니다. 리츠는 주식 시장에 상장되어 있으므로 수시로 매수할 수 있습니다. 둘은 수익 지급방식에 따라 위험도 역시 다릅니다. 리츠는 운영자금 등을 빼고 배당을 합니다. 배당과 주식가격은 시장 상황에 따라 변할 수 있습니다. 반면에 부동산 펀드는 만기가 되었을 때 고정금리식으로 지급받습니다. 따라서 부동산 펀드가 리츠보다 수익률이 안정적입니다.

생각을 키우는 Q

우리나라 주식 시장에는 어떤 리츠 기업이 있나요?

06

펀드 투자
원칙을 세워라

#안전과 공격 #장기와 단기 #타이밍과 시장의 헛소문

대부분의 투자자는 정보를 얻는 창구가 제한적입니다. 그래서 남들이 ○○ 펀드에서 높은 수익을 올렸다고 하면 그때부터 관심을 가집니다. 이런 식으로 투자에 나선다면 '묻지 마' 투자로 흐를 가능성이 큽니다. 주변에 소문으로 퍼져서 내 귀에 들어올 정도라면 대부분 고점을 향하고 있는 경우가 많기 때문입니다. 잘못하면 '막차'를 타고 종점에서 내려서 이러지도 저러지도 못하게 될 수 있습니다. 이런 불상사를 막기 위해서는 자신만의 투자 원칙을 세워야 합니다.

가장 먼저 해야 할 것은 자신의 투자 성향에 맞는 목표를 정하는 일입니다. 모든 투자에서 수익과 위험은 반비례하기 때문에 안전하면 수익이 낮고, 수익이 높으면 위험합니다. 기본적으로 나이가 많고 투자금액도 많다면 안전하고 낮은 수익을 올리는 투자를 지향해야 합니다. 반대로 나이가 많지 않고 투자금액이 적다면 위험하지만 높은 수익률을 노리는 투자를 해도 괜찮습니다. 물론 반드시 이렇게 해야 한다는 것은 아닙니다. 펀드 투자는 결코 대박을 꿈꾸는 투자 방법이 아닙니다. '정기예금+알파'의 안정적인 수익을 노린다는 생각으로 투자하는 상품입니다.

안전과 공격, 장기와 단기

자신의 투자성향을 먼저 잘 알아야 합니다. 원금 손실을 안고 투자할 수 있는 공격적인 성향인지, 안정적인 성향인지에 따라 적합한 펀드가 달라집니다. 공격적 성향이 있는 사람은 국내와 해외 주식형 펀드, 리츠 펀드 등이 어울립니다. 보수적인 성향을 가진 투자자라면 원금이 보존되는 ELS와 ELF, 채권형 펀드, 부동산 펀드 등이 제격입니다.

또한 투자자는 자신의 수준에 맞춰서 투자를 시작해야 합니다. 펀드 투자 경험이 없는 초보자들의 경우 위험 수준이 낮은 원금 보존형 ELS 펀드, 부동산 펀드, 채권형 펀드, 채권혼합형 펀드부터 시작해서 투자 경험을 쌓는 것이 좋습니다. 그다음 다소 공격적인 주식형 펀드, 해외 펀드 등으로 범위를 넓혀 가면 됩니다.

펀드 투자 기간 역시 중요한 사항입니다. 1년 이내 단기투자가 목적이라면 수익률을 낮게 잡고 언제든지 펀드에서 빠져나올 수 있어야 합니다. 공격적 성향이 있는 투자자들은 가입 시점에 수수료를 먼저 지불하고 언제든지 중도환매 수수료 없이 해지할 수 있는 펀드에 가입하는 것이 좋습니다. 1년 넘게 장기투자를 계획하고 있다면 시세차익 외에도 소득공제 등 부가적인 혜택이 있는지 확인하는 것이 좋습니다.

투자자금의 용도에 따라서도 펀드가 달라집니다. 여유자금, 생활비, 주택 전세보증금 혹은 구매 자금, 노후 자금 등 목적에 따라 펀드를 달리 운용해야 합니다. 매월 생활비가 목적인 펀드라면 채권형 펀드, 부동산 펀드, 인프라 펀드, 노후연금 펀드 등 안정성이 중시되는 펀드가 바람직합니다. 전세보증금이나 주택 구매가 목적이라면 전세 기간과 일치하는 펀드를, 여유 자금이라면 공격적인 주식형 펀드나 해외 주식형 펀드를 할 수 있습니다. 노후 대비 자금이라면 연금 관련 펀드도 좋습니다.

타이밍이 돈이다

펀드도 결국 주식처럼 기회가 왔을 때 잡아야 합니다. 바닥을 기다렸다가 펀드에 가입하려고 마음먹는다면 절대 펀드에 가입하지 못합니다. 주가, 금리, 유가, 환율 등 모든 지수는 하락할 때 끝없이 하락할 것처럼 보입니다. 하지만 상승세로 돌아서면 순식간에 튀어 오릅니다. 이때 한번 오르기 시작하면 매수 시점을 잡기가 더 어려워집니다.

따라서 향후 지수가 상승하리라 판단되면 바닥에서 펀드에 가입하겠다는 생각은 버려야 합니다. 지나치게 바닥을 기다리다 보면 오히려 투자 시점을 놓칠 수 있으니 발목에서 투자한다는 생각을 가져야 합니다. 또한 발목에서 투자한 후 지수가 바닥으로 떨어지더라도 참고 견디는 자세가 필요합니다.

이때 필요한 것이 바로 목표 수익과 손실의 한계점을 정하는 것입니다. 5~10%의 목표 수익을 달성하면 과감하게 현금화해야 합니다. 너무 욕심을 내다가 타이밍을 놓쳐 손해를 보는 사례가 많기 때문입니다. 반대로 펀드 가입 후 주가, 금리, 환율, 유가 등 지수가 계속 빠지는 경우도 많습니다. 잘못하면 더 큰 손실이 발생할 수 있습니다. 이 같은 손실을 피하고자 사전에 5~10% 정도의 손실이 났을 경우에는 환매하겠다는 원칙을 정하고 이를 지켜야 합니다.

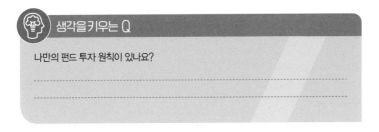

생각을 키우는 Q

나만의 펀드 투자 원칙이 있나요?

07

펀드 투자 전략을 세워라

#펀드투자의 나침반 금리 #물가 상승하면 무슨 펀드?
#석유는 돈이다

펀드 투자 원칙을 세웠다면 투자 전략도 세워야 합니다. 물론 시장은 예측한 대로 흘러가지 않습니다. 하지만 같은 상황에서 어떤 펀드는 수익을 내고, 어떤 펀드는 손실을 봅니다. 현재 금융시장 상황에 가장 적합한 펀드를 찾아내는 안목이 필요합니다. 따라서 펀드를 찾는 시각을 넓혀야 합니다. 좁은 시각에 머물러 있다면 이익의 범위도 좁아집니다.

펀드 투자의 기초자산을 주식에만 국한하지 않고 달러, 금, 부동산, 광물, 에너지, 곡물 등에도 눈길을 돌려야 합니다. 그래야 좋은 투자 기회를 잡을 수 있습니다. 시야를 넓히기 위해서는 금리, 경제 상황, 물가, 환율 등에 항상 관심을 갖고 있어야 합니다. 수많은 경제정보를 이해하고 상황에 맞춰 투자 전략을 세우는 일은 어렵습니다. 이때 가장 간단하고 확실한 투자 전략의 기준은 '금리'입니다.

펀드 투자의 나침반, 금리

금리는 기본적으로 자금의 수요와 공급에 의해 결정됩니다. 물론 금리는 정부의 의지에 따라 결정되고 경제 전반에 큰 영향을 미칩니다. 정부는 경기가 침체하면 금리를 낮춰서 기업의 금융 부담을 줄여줌으로써 경기를 부양시키려 합니다. 반대로 경기가 과열될 때는 금리를 높여 경기를 진정시키기도 합니다.

금리 상승기에도 급격히 오르는 경우와 완만히 오르는 경우가 있습니다. 금리가 급격하게 상승하는 경우는 대기업이 부도 처리가 되었다든지 환율 시장에 이상이 발생한 경우가 많습니다. 이때 잘못 투자하면 엄청난 손실이 발생할 수 있습니다. 그 때문에 이런 상황에는 수익성보다 안전성을 최우선 순위에 둔 펀드에 투자하는 것이 좋습니다. 혹은 투자를 잠깐 쉬는 것도 좋은 선택이 될 수 있습니다.

반면에 금리가 바닥을 찍고 서서히 상승하는 시기에는 실물 경기가 서서히 좋아지기 시작합니다. 이때는 안전성보다는 수익성에 초점을 맞추는 것이 좋습니다. 따라서 채권형 펀드에서 주식 관련 펀드로 갈아타는 것이 유리합니다. 실물 경기가 회복되는 시기는 기업들의 실적이 좋아져 주가가 큰 폭으로 상승할 가능성이 높기 때문입니다.

금리가 내려가는 경우는 경기가 침체되어 있거나 시중에 돈이 많이 풀려 있는 때가 많습니다. 경기가 침체한 경우라면 바닥이 확인되기 전까지 투자를 쉬는 것이 좋습니다. 이와 다르게 시중에 돈을 많이 풀기 위해 금리를 하락하는 경우는 조금 다릅니다. 갈 곳 없는 자금이 부동산이나 주식 시장으로 몰려갈 가능성이 큽니다.

물가 상승(인플레이션)과 펀드의 관계

물가 상승 속도에 따라 투자에 미치는 영향 또한 조금 다릅니다. 급격한 물가 상승은 저축을 위축시키고 부동산, 귀금속, 유가 등 실물자산을 선호하게 하며, 이는 주가를 하락시키는 요인으로 작용합니다. 이때는 주식형 펀드보다는 부동산 펀드나 금 펀드 같은 실물자산 펀드가 좋습니다. 이와는 반대로 완만한 물가 상승은 실물 경기에 좋은 영향을 미칩니다. 기업수지 개선과 기업의 자산 가치를 증대시켜 주가를 상승시킬 수 있습니다. 이때는 주식형 펀드에서 높은 수익률을 기대해도 괜찮습니다.

물가 상승과 관련해서 '유가'를 항상 잘 살펴야 합니다. 고유가는 산유국에 좋은 영향을 미칩니다. 석유를 생산해서 판매하는 국가들의 주가가 상승할 수 있습니다. 반대로 유가가 폭락하면 산유국들에 굉장히 악영향을 미칩니다. 2015년 20달러대까지 떨어진 유가가 2019년 50달러대 중반까지 상승했습니다. 덕분에 2019년 10억 원이상이었던 러시아 펀드 11개의 연초 이후 수익률이 평균 25.62%를 기록하기도 했습니다. 이처럼 유가는 해외 펀드의 수익률과 바로 직결되는 경우가 많습니다.

증권사 직원을 참모로 이용하라!

펀드 운용 전략을 혼자 짜기 힘들다면 펀드 판매회사의 유능한 직원과 자주 만나는 것도 좋은 방법입니다. 만약 유능한 직원을 만날 수 있다면 좋은 참모를 두는 것과 같은 효과를 얻을 수 있습니다. 물론 그 직원을 신뢰할 수 있는지 가장 먼저 살펴야 합니다. 상당수 금융기관은 펀드를 정책적인 목적으로 판매하는 경우가 많습니다. 투자자들의 투자성향과는 거리가 먼 상품을 권유하는 경우도 상당히 많습니다. 따라서 금융기관 3~4곳의 펀드에 분산 투자해보고 직원들의 성실성이나 펀드 선택 능력, 서비스 등을 종합적으로 고려해 어느 한곳을 선택하는 것도 좋은 방법입니다.

생각을 키우는 Q

무엇을 보고 펀드에 가입하셨나요?

08

펀드 비용과 환매를 꼼꼼히

#펀드 수수료와 보수 #펀드 보수 계산 #환매 기간은?

펀드를 가입하고 환매하기 위해서는 반드시 수수료와 보수를 생각해야 합니다. 펀드는 여러 사람의 돈을 모아 전문가가 대신 투자하는 금융 상품입니다. 그런데 펀드는 한곳에서만 운영하는 것이 아닙니다. 판매회사, 자산운용회사, 수탁회사가 각자의 자리에서 역할을 성실하게 수행합니다. 결국 전문가들이 나의 돈을 위해 일하는 만큼 비용을 지급해야 합니다.

펀드 수수료는 펀드에 가입할 때 내는 비용으로 선취판매수수료, 후취판매수수료, 환매수수료가 있습니다. 선취판매수수료는 펀드 가입 시 비용을 미리 내는 것입니다. 후취판매수수료는 펀드 환매 시에 내는 것입니다. 수수료는 선택에 따라 한 번만 내면 됩니다.

펀드 보수 계산

펀드 보수는 판매보수, 운용보수, 수탁보수로 나눌 수 있습니다. 판매회사, 자산운용회사, 수탁회사에 펀드를 맡기는 대가로 정기적으로 내는 비용이라 할 수 있습니다. 판매보수는 펀드 판매를 대행하는 판매회사에 내는 비용입니다. 운용보수는 펀드 운용을 대행하는 자산운용회사에 내는 비용입니다. 수탁보수는 펀드 자금 보관을 대행하는 수탁회사에 내는 비용입니다.

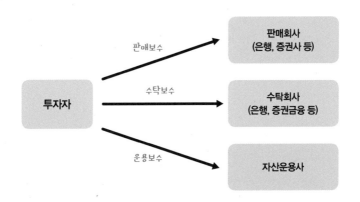

펀드는 보수를 계산하는 방식이 조금 독특합니다. 총보수가 1%면 매년 1%씩 내야 하는 것으로 오해할 수 있습니다. 하지만 펀드 보수는 환매 시 계산되지 않고 매일매일 계산됩니다. 시장의 변동에 따라 펀드 평가금액이 매일 변하기 때문에 1년에 한 번 연 단위로 계산하면 정확하게 펀드 보수를 계산하기 어렵기 때문입니다.

총 보수가 1%라고 하면 1%를 365일로 나눈 1%÷365

=0.00274%입니다. 여기에 매일 펀드 평가금액을 곱해주면 됩니다. 총 보수가 1%면 매일 펀드 평가금액에 0.00274%의 보수를 지급하고 있다고 생각하면 됩니다. 이렇게 계산된 보수는 매일 펀드평가금에서 차감됩니다.

펀드 선택 시 총비용이 낮은 펀드를 선택하고, 그 다음으로 운용보수보다 판매보수가 낮은 펀드를 선택하는 것이 유리합니다. 판매보수가 운용보수보다 상대적으로 높기 때문입니다. 또한 펀드는 인터넷으로 가입하면 비용을 절약할 수 있습니다. 펀드슈퍼마켓(http://www.fundsupermarket.co.kr)에서 이러한 각종 비용을 비교할 수 있습니다.

펀드 환매

펀드 투자는 가입할 때만큼이나 환매하는 타이밍도 중요합니다. 환매란 펀드에서 투자 자금을 되찾는 것을 말합니다. 펀드의 경우 예·적금처럼 해지한다고 말하지 않고 환매還買한다고 말합니다. 이것은 판매한 금융회사가 투자자로부터 펀드를 되사는 것이기 때문입니다. 대부분의 펀드는 만기 개념이 없는 상품입니다. 만기가 지난 펀드도 환매하지 않고 계속해서 펀드를 유지할 수 있습니다.

만기 전에 환매를 결정했다면 투자자는 일부만 환매할 수도 있고 전액 환매를 결정할 수도 있습니다. 하지만 만기 전 환매는 대부분 환매수수료를 부과하고 있습니다. 또한 펀드 환매는 신청일과 실제 돈을 받는 날이 다릅니다. 그래서 돈이 필요한 날짜를 잘 계산해서 펀드 환매 신청을 해야 합니다.

펀드의 종류 및 환매 청구 시점에 따라 기준가격이 정해지고, 환매 대금 지급일이 달라집니다. 아래 표는 국내 펀드 환매 방법의 표준 기준입니다. 해외 펀드의 경우 환매금 지급이 10일 이상 걸리는 경우가 있습니다. 국가 간 시차와 외화 결제 등 절차가 복잡해 국내 펀드보다 환매 기간이 오래 걸립니다.

국내 펀드 환매 방법의 표준 기준						
구분		T(당일)	T+1일(2일차)	T+2일(3일차)	T+3일(4일차)	T+4일(5일차)
주식 50% 이상	오후 3시 30분 이전	환매 청구	적용기준가		환매금 지급	
	오후 3시 30분 경과 후			적용기준가	환매금 지급	
주식 50% 미만	오후 5시 이전				환매금지급	
	오후 5시 경과 후				적용기준가	환매금 지급
채권형	오후 5시 이전			적용기준가/ 환매금 지급		
	오후 5시 경과 후				적용기준가/ 환매금 지급	

모르면 손해 보는 펀드상식

#독특한 펀드 계산 방식 #펀드 기준가
#좌수와 잔고좌수

펀드에는 우리가 평소 사용하지 않는 다양한 용어들이 등장합니다. 기준가격, 좌수, 잔고좌수, 평가금액 등 펀드에서만 볼 수 있는 용어들이 있습니다. 또한 일반 통장과 다른 계산방식으로 수익과 원금을 표시합니다. 이런 용어를 미리 알아두면 펀드를 선택할 때 도움이 될 뿐만 아니라, 펀드가 어떻게 운용되고 있는지를 알 수 있습니다. 펀드에서 사용하는 다양한 용어에 대해서 알아보겠습니다.

기준가격이란?

펀드는 가격의 기준이 되는 '기준가격'이 있습니다. 우리가 상품을 구매할 때 보는 '소비자 가격'과 비슷합니다. 기준가격은 펀드가 만들어지고 출시할 때 처음 책정된 소비자 가격입니다. 펀드의 기준가격은 대부분 1,000원으로 시작합니다. 펀드 운용 결과에 따라 기준가격은 매일매일 변동합니다. 기준의 변동에 따라 나의 펀드 수익률도 같은 방향으로 변동합니다.

펀드는 1년에 한 번 결산을 통해서 기준가격이 1,000원으로 돌아옵니다. 기업들은 12월 말이나 3월 말 등 특정일에 결산합니다. 하지만 펀드는 펀드가 만들어진 날(펀드 설정일)을 기점으로 매년 결산합니다. 결산을 통해 펀드를 운용하는 동안 발생한 배당금과 이자 같은 수익을 분배합니다. 결산이 끝나면 기준가를 시작가인 1,000원으로 만들고 펀드 운용을 다시 시작합니다.

이때 결산을 통해서 계산된 수익은 대개 펀드에 재투자하며 이에 따라 펀드의 규모가 커집니다. 이때 투자자들은 펀드 계좌를 조회하다 기준가가 1,000원으로 변해 당황하는 경우도 있습니다. 혹시 나의 수익을 다 가져간 것 아닌가 하고 의심할 수 있습니다. 하지만 운용사는 수익을 '재투자'하여 개인별 '좌수'를 증가시켜 투자자들에게 이익을 돌려줍니다.

좌수와 잔고좌수

우리가 주식을 거래할 때에는 1주, 2주처럼 '주'라는 단위로 계산합니다. 펀드의 계산 단위는 '좌'라고 부르고, 1,000원을 1,000좌로 표시합니다. 1,000좌 단위로 계산하는 이유는 소수점 단위까지 내려가면 불편하기 때문입니다. 예를 들어 펀드 설정일에 10만 원을 투자하는 경우를 생각해보겠습니다. 설정일 기준가 1,000원 펀드 100,000좌(100,000만 원÷1,000기준가×1,000좌)를 매수할 수 있습니다.

일주일 후 펀드가 10% 상승해 기준가가 1,100으로 변했다고 가정하겠습니다. 다시 10만 원을 투자한다면 이번에는 기준가 1,100원 펀드 90,909좌(100,000만 원÷1,100기준가×1,000좌)를 매수할 수 있

펀드 수익률 계산		
	기준가격 (1,000원으로 시작)	좌수 (펀드 단위, 1,000원 = 1,000좌)
10만원 투자	기준가 1,000원	100,000좌 (100,000만 원 ÷ 1,000기준가×1,000좌)
10만원 재투자	기준가 1,100원	90,909좌 (100,000만 원 ÷ 1,100기준가×1,000좌)

기준가 1,200

총 90,909좌 + 100,000좌 = 190,909좌
평가금액: 190,909좌 × 1,200기준가 ÷ 1,000 = 229,090.8원
수익: 29,090.8원

습니다. 기준가격이 상승했으니 매수할 수 있는 좌수는 줄어든 것입니다. 펀드통장에는 처음에 매수한 100,000좌와 90,909좌가 합해진 190,909좌가 표시됩니다. 이때 190,909좌의 평가 금액은 210,000원(190,909좌×1,100기준가÷1,000좌, 소수점 오차 0.1 존재)으로 계산됩니다.

다시 일주일 후 펀드가 더욱 상승해 기준가 1,200원으로 상승했다고 생각해보겠습니다. 이때의 평가 금액은 229,090.8원(190,909좌×1,200기준가÷1,000좌)입니다. 원금 200,000원을 제외한 29,090.8원의 수익이 났습니다. 펀드 좌수가 어렵게 느껴지면 계산하지 않고, 바로 '평가금액'을 확인해도 괜찮습니다.

🧠 생각을 키우는 Q

펀드 잔고를 다시 한번 꼼꼼히 살펴보세요.

금융계의 인디애나 존스,
짐 로저스

세계 3대 투자가의 혜안

짐 로저스Jim Rogers는 워런 버핏, 조지 소로스와 함께 세계 3대 투자가로 꼽힙니다. 예일대에서 역사학을, 옥스퍼드대에서 철학·정치·경제학을 전공했습니다. 1969년 조지 소로스와 함께 글로벌 투자사 '퀀텀 펀드'를 설립했습니다. 그는 10여 년간 4,200%라는 경이적인 수익률을 기록하며 '월가의 신화'로 떠올랐습니다.

1980년, 37세의 나이에 은퇴를 선언한 후 1990년대에는 모터사이클로, 2000년대 초에는 자동차로 전 세계 100개국 이상을 여행했

습니다. 이때 현장을 누비며 보고 들은 내용으로 미래를 예측하며 투자에 반영해 '금융계의 인디애나 존스'로 불리기도 합니다.

로저스는 우리나라에도 많은 관심을 갖고 쓴소리와 조언을 아끼지 않고 있습니다.

2017년 8월 KBS 명견만리 〈투자왕, 짐 로저스의 경고〉 편에 출연한 그는 "한국은 IMF 위기 속에서도 역동적이었다. 그러나 지금은 소수 재벌에게 자본과 권력이 집중돼 관료적이고 폐쇄적인 경제구조로 전락했다. 한국 경제는 부정적이라기보다는 정체돼 있다. 지난 20~30년과 달리 한국은 이제 역동적이지 않다"고 평가하기도 했습니다.

하지만 최근에는 통일한국에 기대감을 나타내는 조언을 많이 하고 있습니다. "일본은 정점을 찍은 뒤 쇠퇴 중인데 한반도는 북한의 자원·노동력과 남한의 자본·제조업이 결합해 경제 부흥을 이끌 것"이라며 "일대일로 시베리아 횡단 철도를 잇는 동서 철길이 재건되면 한반도는 글로벌 교통의 허브가 될 것"이라며 기대감을 드러냈습니다.

'돈의 흐름'과 역사의 리듬

짐 로저스는 늘 역사의 흐름에 입각해서 몇 년 앞을 내다보는 투자자입니다. 그는 역사를 공부하다 보면 앞날을 읽는 힘이 생기고 돈의 흐름을 볼 수 있다고 말합니다. 그는 미국 예일대를 졸업하고 영국 옥스퍼드대에서 석사과정을 밟을 때 역사의 중요성을 깨달았다고 합니다. 영국사를 공부하면서 과거에 일어난 일과 유사한 일이 반복되면서 자본 역시도 비슷하게 움직인다는 사실을 깨달았습니다.

특히 리먼 사태를 1년 먼저 예상하여 적지 않은 이익을 올렸습니다. 그가 "이제 곧 시장이 붕괴할 것이다"라고 주변에 말했지만 아무도 귀담아듣지 않았고 "로저스는 결국 머리가 이상해졌어"라는 말까지 들었습니다. 결론적으로 로저스는 공매도로 막대한 이익을 남겼습니다.

그는 역사를 통해 돈의 흐름을 배워서 리먼 사태뿐만 아니라 중국의 대두, 트럼프 대통령 당선, 북한의 개방 문제에 이르기까지 수많은 일을 예상할 수 있었습니다. 하지만 역사는 정말로 똑같이 되풀이되지 않았고, 리듬을 타듯이 조금씩 형태를 바꾸면서 반복되고 있습니다. 1990년대 후반부터 2000년까지 미국에서 거품이 생성되며 "이번에는 다르다", "경제가 새로운 시대에 돌입했다"는 말이 나왔지만 2008년 거품이 꺼지자 이런 말들은 모두 사라졌습니다.

1920년대 자동차 산업의 약진과 대량생산·대량소비로 전례 없는 번영을 누리게 되자 '영원한 번영', '새 시대', '황금의 20년대'라는 말이 생겨났습니다. 하지만 실제로는 아무것도 아니었고 그저 거품 경기에 지나지 않았습니다. 그는 "이번에는 달라"라는 말이 나오면 그것이야말로 위험 징후라고 설명합니다. 인류 역사상 "이번에는 달라"라는 말이 맞는 시기는 절대 없었기 때문입니다.

그의 투자 철학은 탐욕에 눈이 멀어 앞을 보지 않고 이익만 좇는 사람을 멀리서 바라보고 관찰하는 것일 수도 있습니다. 그는 지금 자신이 처한 상태를 이해하지 못하면 투자할 수 없다고 말합니다. 그렇다면 사람들은 역사를 몰라서 앞을 내다보지 못하는 투자를 하는 것일까요? 탐욕에 사로잡혀 앞을 보지 않고 이익만 보고 달려가는 것일까요? 투자자라면 로저스의 이런 주장에 귀기울일 필요가 있습니다.

4

재테크의 바다와
빛이 되는 나침반들

재테크의 나침반 '금리'

#코스톨라니의 달걀 #재테크 나침반
#거품 생성과 붕괴

재테크의 투자 대상 중에는 주가, 부동산, 환율, 석유, 금, 은 가격 등과 같은 것들이 있습니다. 이들은 서로 영향을 줍니다. 이처럼 다양한 재테크 수단을 운용할 때 나침반이 없다면 이곳저곳을 헤매다 돈을 잃기 쉬울 것입니다. 이때 재테크 나침반 역할을 하는 것이 바로 '금리'입니다. 금리는 모든 재테크에 영향을 주기 때문입니다. 따라서 금리의 방향을 이해한다면 높은 수익이 있는 곳을 향해 나아갈 수 있습니다.

금리가 재테크의 나침반인 이유는 돈의 흐름을 결정하기 때문입니다. 금리가 상승하면 이자를 더 받을 수 있습니다. 그러면 돈은 안전하고 높은 이자를 받을 수 있는 은행으로 이동할 것입니다. 반대로

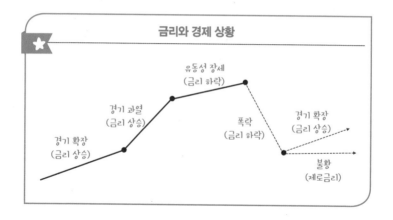

금리가 낮아지면 이자를 덜 받게 됩니다. 돈은 은행 이자보다 수익이 더 나는 곳으로 움직이려 할 것입니다. 이렇게 금리는 돈의 흐름을 좌우할 수 있기 때문에 재테크의 나침반 역할을 합니다.

금리 상승기

먼저 금리가 상승하면 어떤 투자 전략이 유리한지 살펴보겠습니다. 금리가 상승하면 어떤 투자처가 좋다는 정확한 공식은 없습니다. 경제 상황을 먼저 살펴서 금리가 상승하는 원인을 파악해야 합니다. 금리는 시장의 수요에 의해서 상승할 수 있고 정부의 필요에 따라 상승할 수도 있습니다. 금리와 시장 상황에 따라서 위 그래프에 간단히 표시했습니다. 반드시 위와 같이 움직이는 것은 아니지만 재테크의 방향을 결정하는 데 많은 도움이 될 것입니다.

시장에서 돈의 수요가 증가해 금리가 상승하는 경우는 경기가 확장할 때입니다. 이때는 경제가 호황기로 진입하거나 호황인 시기입니다. 투자를 위해서 돈이 필요하기 때문에 돈의 가치인 금리가 상승하는 것입니다. 이때는 무엇이든 투자해도 돈이 되는 시기입니다. 금리가 높기 때문에 돈을 은행에 맡겨서 복리를 활용하면 좋습니다. 물론 주식과 부동산도 투자하기 좋습니다.

두 번째는 경기가 과열될 때입니다. 무엇이든 투자해도 수익이 나는 시기가 지속되면 개인과 기업은 슬슬 욕심이 생깁니다. 모두가 돈을 벌고 있으면 나만 손해 보는 느낌이 들어 돈을 빌려서라도 투자하려 할 것입니다. 역시 돈이 부족한 시기이므로 금리가 높이 유지될 수 있습니다. 이때는 언제 시장에서 나와야 하는지 출구 전략을 잘 짜야 합니다. '거품'이 생겨나는 초기 상황이기 때문에 주식과 부동산 같은 자산을 처분할 시기를 고려해야 할 때입니다.

금리 하락

경기가 과열되면 금리를 더욱 높이 상승시켜야 합니다. 금리를 높여서 경기를 진정시키고 거품을 제거해야 합니다. 하지만 현실에서는 반대로 금리를 낮춥니다. 거품을 제거하기 시작하면 모두가 고통스럽기 때문입니다. 치과는 가기 싫지만 계속 초콜릿을 먹고 싶은 아이와 같습니다. 시장 참여자들은 자산 가격이 상승하는 맛을 잊을 수 없어 금리를 낮추게 됩니다.

금리를 낮춰서 단순히 자산 가격을 높이는 것은 결국 '거품'을 증가시킵니다. 이런 현상을 '유동성 장세'라고 말하기도 합니다. 이때는 주식과 부동산 같은 자산을 처분하고 금이나 달러 같은 안전자산을 늘려야 합니다. 거품이 꺼지기 시작하면 금리를 낮춰도 답이 없습니다. 자산 가격의 폭락이 멈출 때까지 관망하는 것이 가장 좋습니다.

자산 가격의 거품이 다 빠지고 부실한 기업이 정리되면 시장은 다시 제자리로 돌아옵니다. 개인과 기업은 다시 열심히 일하기 시작합니다. 시장은 다시 정상으로 돌아오고 경제는 빠르게 좋아질 것입니다. 다시 처음으로 돌아온 것입니다. 하지만 거품에 미련을 버리지 못하는 경우가 있습니다. 일본의 경우가 바로 이런 경우입니다. 거품은 꺼졌지만, 부실 기업을 저금리와 정부 보조금으로 계속해서 살려두었기 때문입니다.

생각을 키우는 Q

앞으로 금리가 어느 방향으로 움직일까요?

02

재테크의 방향 '환율'

#환율도 재테크 수단 #외화통장
#환율에 따라 울고 웃는 기업과 개인

경제 뉴스를 보면 환율 이야기가 꼭 나옵니다. 한국에 살면 원화만 사용하는데 무슨 이유로 환율 이야기가 나오는지 이해하기 어려울 수 있습니다. 하지만 환율이야말로 재테크의 큰 방향을 결정하는 중요한 요소입니다. 환율은 결국 돈의 흐름을 반영하기 때문입니다. 외국에서 국내로 들어오는 돈의 흐름에 따라 환율이 변합니다. 환율이 변동하면 국내의 부동산, 채권, 주식, 심지어 버스비까지 모든 곳에 영향을 줍니다.

그 때문에 환율의 방향을 읽는다면 재테크의 방향도 읽을 수 있습니다. 하지만 환율은 너무 어렵게 느껴집니다. 일단 용어가 너무 어렵고 각종 그래프와 숫자가 등장하니까 괜히 피하게 됩니다. 하지만 환율을 전문가 수준까지 공부할 필요는 없습니다. 환율의 방향에 따라서 내가 가지고 있는 자산에 어떤 영향이 있을지에 대해서만 공부하고 이해하면 충분합니다.

돈은 어디로 흐르는가?

환율을 이해하기 쉬운 방법이 있습니다. 환율이 올랐다 혹은 내렸다는 말 앞에 '달러'를 붙이면 조금 쉽게 이해할 수 있습니다. 기준이 되는 돈이 '달러'이기 때문입니다. (달러)환율이 올랐다는 말은 달러의 가치가 오른 것입니다. (달러)환율이 내렸다는 말은 달러의 가치가 내린 것입니다. 달러가 부족해지면 환율이 오르고 반대로 달러가 풍부해지면 환율은 내려갑니다.

그렇다면 (달러)환율이 오르면 무슨 일이 발생할까요? 이때는 시장에 달러가 상대적으로 부족하고 원화가 많은 상황입니다. 당연히 달러로 표시되는 자산의 가격이 상승합니다. 미국 주식이나 외화 예금을 가지고 있다면 적당할 때 처분해야 합니다. 환율 상승으로 전보다 더 많은 원화로 바꿀 수 있기 때문입니다.

(달러)환율이 오른다면 반대로 원화로 표시되는 자산의 가격은 하락합니다. 환율이 상승한다는 것은 달러가 밖으로 빠져 나가서 부족해졌다는 것입니다. 우리나라의 자산 시장인 주식이나 부동산에 매력을 느끼지 못해 빠져나간 것입니다. 이때는 국내 주식이나 부동산을 매수하기보다는 관망해야 합니다.

반대로 (달러)환율이 내린다면 무슨 일이 발생할까요? 이때는 시장에 달러가 상대적으로 풍부하고 원화가 부족한 상황입니다. 당연히 달러로 표시되는 자산의 가격은 하락합니다. 미국 주식이나 외화예금을 처분하면 손해를 볼 수 있습니다. 환율 상승으로 전보다 적은 원화로 바꿔야 하기 때문입니다.

(달러)환율이 하락하면 원화로 표시되는 자산의 가격은 상승합니다. 환율이 하락한다는 것은 달러가 외부로부터 들어와서 풍부해졌다는 것입니다. 우리나라의 자산 시장인 주식이나 부동산에 매력을 느낀 외국인 투자자가 들어오는 것입니다. 당연히 국내 주식이나 부동산 시장에 좋은 영향을 미칩니다. 환율 하락 초기에 주식이나 부동산을 매수해서 장기 보유하면 높은 수익을 올릴 수 있습니다.

외화통장 재테크

환율로 재테크를 할 수 있는 가장 간단한 방법은 외화통장을 만드는 것입니다. 은행마다 다르지만, 달러와 다른 나라의 돈도 저금할 수 있습니다. 매달 정해진 금액을 저금하는 통장도 있고 자유롭게 입출금이 가능한 통장도 있는데, 자유롭게 외화를 거래할 수 있는 통장이 좋습니다. 이자보다는 환차익을 보는 것이 더욱 유리하기 때문입니다. 외화통장의 환차익은 세금이 붙지 않는다는 장점이 있지만, 외화를 사고팔 때 은행에 수수료를 내야 하는 것은 단점입니다.

외화통장은 은행 상품마다 다르지만, 금리도 있습니다. 은행별로 차이가 있지만, 입출금식 외화 예금의 금리는 연 0.1%, 외화 정기예금은 연 1~2% 수준입니다. 이자에 대한 세금은 15.4%가 부과됩니다. 일반 예금처럼 5,000만 원까지 예금자 보호를 받을 수 있는 것도 장점입니다. 외화통장은 이자 수익에다 환차익까지 얻을 수 있는 것이 장점입니다.

환율에 따라 울고 웃는 기업과 개인

환율이 우리 생활에 영향을 주는 두 가지가 있습니다. 바로 '수출'과 '수입'입니다. 환율이 상승하면 '수출'에 유리합니다. 외국인들이 달러를 들고 와서 더 많은 원화로 바꿀 수 있기 때문입니다. 가격경쟁력도 강해져 수출 기업들이 유리해집니다. 하지만 환율 상승은 '물가 상승'을 일으킵니다. 원화를 달러로 바꿀 수 있는 금액이 줄어들었기 때문입니다. 물가가 상승하면 서민들에게 타격이 옵니다.

환율이 하락하면 반대 상황이 일어날 수 있습니다. 원화를 더 많은 달러로 바꿀 수 있고, 해외에서 더 저렴하게 제품을 사 올 수 있습니다. 물가가 안정되면서 서민들의 삶에 많은 보탬이 됩니다. 반대로 수출 제품 가격의 경쟁력이 떨어져 수출 위주 기업들은 타격을 받습니다. 환율에 따라 울고 웃는 상황이 벌어지는 것입니다. 환율 상승이 좋은지 하락이 좋은지 각자의 관점에서 한번 곰곰이 생각해본다면 재테크에 큰 도움이 될 것입니다.

생각을 키우는 Q

평소에 달러 환율을 얼마나 자주 조회하고 계신가요?

03

이자와 원금을 함께 '채권'

#채권과 금리 #채권 투자 이것은 꼭!
#채권과 주식을 같이

2018년 세계 채권 시장의 규모는 약 100조 달러였고, 세계 주식 시장은 약 75조 달러였습니다. 채권 시장의 규모가 주식 시장보다 약 33% 이상 큽니다. 그만큼 채권 시장에 많은 돈이 들어가 있는 것입니다. 하지만 채권은 재테크 수단으로는 다소 생소합니다. 주변에 채권에 직접 투자하는 사람이 거의 없기 때문입니다. 사실 우리도 모르는 사이에 우리의 돈이 이미 간접적으로 채권에 많이 투자되고 있습니다. 대표적인 채권 투자 상품인 펀드, CMA, 연금 등을 통해 투자되고 있기 때문입니다.

채권은 원금을 잃을 수 있는 주식에 비하면 안전합니다. 물론 채권을 발행한 국가나 기업의 신용 상황에 따라서 위험할 수도 있습니다.

신용도가 높은 국가나 회사의 채권에 투자했다면 '원금'과 '이자'를 보장받을 수 있습니다. 또한 현금으로 바꾸는 것도 매우 쉽습니다. 채권은 원하는 만큼 팔아서 현금으로 만들 수 있기 때문입니다. 채권 시장이 어떻게 돌아가고 있고, 다른 자산 시장에는 어떻게 영향을 미치는지 살펴보겠습니다.

채권과 금리

안전하고 현금화도 쉬운 채권은 금리와 반대로 움직입니다. 금리가 올라가면 채권의 가치가 떨어져서 채권 시장의 인기도 떨어집니다. 반대로 금리가 내려가면 채권의 가치는 올라가고 채권 시장의 인기가 올라가면서 자금이 들어옵니다. 금리를 바탕으로 채권 시장에 자금이 빠지거나 들어가면서 다른 시장에 영향을 줍니다. 금리와의 관계를 이해하고 채권형 펀드에 투자한다면 많은 수익을 올릴 수 있습니다.

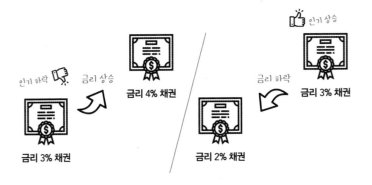

금리의 상승은 기존 채권의 가격을 떨어뜨립니다. 예를 들어 만기 10년인 3% 채권을 가지고 있다고 생각해보겠습니다. 채권 금리가 4%로 상승하면 투자자들은 4%의 금리 채권을 사려 할 것입니다. 만기 3% 채권을 시장에 팔기 위해 내놓으면 아무도 관심을 가지지 않을 것입니다. 이때 내가 조금 손해를 보고 '할인'된 가격으로 채권을 판매하면 사람들은 관심을 가질 것입니다. 이처럼 금리가 상승할 때는 기존 채권 가격이 하락하기 때문에 채권 투자는 좋은 선택이 아닙니다.

반대로 금리가 하락하면 채권 가격이 상승합니다. 이번에도 만기 10년인 3% 채권을 가지고 있다고 생각해보겠습니다. 채권 금리가 2%로 떨어지면 투자자들은 채권에 관심이 적어질 것입니다. 이때 내가 들고 있는 만기 3%의 채권을 시장에 내놓으면 사람들이 관심을 가집니다. 시장 금리 2%보다 높은 채권이기 때문입니다. 금리가 더욱 내려갈수록 내가 가진 채권은 시장에서 높은 가격을 받을 수 있습니다. 이처럼 금리가 하락하면 채권 가격이 상승하므로 채권 투자하기 좋은 시기입니다.

채권 투자 이것은 꼭!

채권 투자에서 가장 먼저 점검해야 할 것은 '신용등급'입니다. 신용등급을 평가하는 대표적인 회사에는 무디스Moody's, 스탠더드앤드푸어스S&P, 피치Fitch가 있습니다. 우리나라에는 한국기업평가, NICE

신용평가, 한국신용평가 회사가 있습니다. 신용등급은 신용 평가 회사마다 다소 차이가 있으나 대부분 A, B, C, D 알파벳으로 표기하고 있습니다. 각 등급에서도 세부적으로 나뉘어져 있지만, 등급이 A로 시작하면 안전합니다.

펀드를 통한 채권 투자는 다시 국내 채권과 해외 채권으로 나뉩니다. 국내 채권은 안전하지만, 변동성이 낮아 2~3% 수익이 납니다. 반면에 해외 채권은 변동성이 높아서 고위험 고수익 상품이 많습니다. 해외 채권에 투자할 때는 해당 투자 국가의 금리 정책과 환율의 흐름을 꼭 살펴봐야 합니다. 금리와 환율이 급등하면 조금 기다렸다 투자하는 것이 안전합니다.

채권과 주식을 같이

채권과 주식을 같이 담는 '재테크'도 있습니다. 바로 전환사채(CB)와 신주인수권부사채(WB)입니다. 전환사채Convertible Bond는 처음에 채권을 샀지만, 나중에 주식으로 바꿀 수 있는 채권을 말합니다. 경영 환경이 좋아지면 주가가 상승할 수 있습니다. 이때 전환사채를 가지고 있다면 주식으로 바꿀 수 있습니다. 이때 회사 차원에서는 부채가 줄어들어서 좋습니다. 한편 채권을 산 사람의 입장에서는 주식으로 바꿔 더 많은 수익을 누릴 수 있어서 좋습니다.

신주인수권부사채Bond With warrants는 원 플러스 원 개념입니다. 처음에 채권을 사면 나중에 주식을 특정 가격에 살 수 있는 권리를 줍니다. 채권으로 안전하게 원금과 이자를 받다가 주가가 급등하면 주식을 매수해 차익도 얻어 갈 수 있습니다. 신주인수권부사채는 주식을 살 수 있는 권리가 포함되어 있어 보통 채권보다 이자가 적습니다.

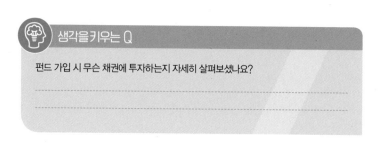

생각을 키우는 Q

펀드 가입 시 무슨 채권에 투자하는지 자세히 살펴보셨나요?

알면 금이 되는 '원자재'

#원자재 경제를 예측하다 #안전한 금투자

석유, 철광, 구리, 금, 곡물, 설탕, 고무 등 원자재는 경기를 예측할 수 있는 중요한 지표이자 재테크 수단입니다. 원자재에 투자하지 않는다고 하더라도 재테크에 성공하려면 반드시 공부해야 합니다. 원자재는 대부분 펀드나 ETF 등을 통해 간접적으로 투자하게 됩니다. '해외선물'을 통해서도 투자할 수 있지만, 굉장히 위험한 방법입니다. 공부와 투자 경험이 풍부한 투자자가 아니면 피하는 것이 좋습니다.

원자재에 투자하려면 기본적으로 '장기'보다는 '단기'로 투자해야 합니다. 2016년 2월 약 25달러까지 떨어진 유가는 2016년 5월 단숨에 50달러 근방까지 2배 가까이 상승했습니다. 2019년 3월부터 미·중 무역전쟁이 시작되면서 상승한 금값은 5개월 만에 온스당

1,200달러 선에서 1,500달러 선으로 20% 상승했습니다. 원자재는 상승도 빠르지만 하락도 빠릅니다. 그렇기 때문에 원자재 투자는 목표를 정하고 들어가서 수익이 나면 과감히 나와야 합니다.

원자재 경제를 예측하다

원자재 가격의 변화 속도와 폭은 우리가 생각하는 것보다 훨씬 더 빠르고 많이 움직입니다. 그 이유는 원자재는 공급이 정해져 있기 때문입니다. 공급이 정해진 상태에서 수요가 늘어나면 가격이 폭등합니다. 거기에 투기 자본까지 가세하면 가격 상승과 하락의 폭은 더욱 커집니다. 이런 이유로 금, 석유, 구리 등의 가격이 폭등하거나 폭락하는 일이 많습니다.

원자재의 상승과 하락은 기업의 주가에도 큰 영향을 미칩니다. 예를 들어 석유 가격이 하락하면 항공사 같은 물류 기업들의 수익성이 좋아져 주가가 상승할 수 있습니다. 그러나 석유 가격이 하락하면 산유국들의 경제가 어려워져 새로운 석유를 찾기 위한 활동을 멈출 것입니다. 이렇게 되면 건설과 조선 업종은 산유국으로부터의 신규 수주가 어려워져 주가가 하락할 수 있습니다.

또한 원자재 가격은 국가 경제에도 큰 영향을 미칩니다. 이는 해외 펀드 투자에 매우 큰 영향을 줍니다. 경제가 발전하는 신흥국에 투자한 경우 급격한 원자재 가격 상승은 펀드에 부정적인 영향을 미칩니다. 원가가 상승하면 기업들에 큰 부담이 되기 때문입니다. 반대로 브

라질과 러시아 같은 석유 수출국의 펀드는 굉장히 좋아집니다.

원자재는 '달러'로 거래가 되기 때문에 '환율'에도 영향을 줍니다. 원자재 가격이 상승하면 환율도 상승할 가능성이 큽니다. 원자재를 구매하기 위해 기업들은 더 많은 달러가 필요해지기 때문입니다. 이때 외국인 투자자들이 우리나라에서 달러 자금을 가지고 나가면 국내 주식 시장이 어려워질 수 있습니다.

안전한 금 투자

금은 현존하는 가장 안전한 자산입니다. 인플레이션을 방어하고 위기 때 더욱 빛이 나는 투자 수단입니다. 금을 실물로 구매하면 부가세 10%가 있고, 은행에서 구매하는 경우에는 5% 수수료도 있습니다. 내가 구매한 가격보다 15% 이상 상승해야 이익을 볼 수 있는 구조입니다. 그래서 단기간에 투자수익을 내기보다는 장기적인 관점에서 비상금 형식으로 가지고 있는 것이 더 좋습니다.

실물 투자가 부담된다면 금을 기초로 만들어진 다양한 파생상품을 구매할 수 있습니다. 주식 시장에서 거래되는 ETF를 통해 투자하는 것이 대표적입니다. 소액으로도 거래할 수 있고 주식처럼 사고팔기 쉽다는 것이 장점입니다. 펀드를 이용해 금광을 보유한 기업에 투자할 수도 있습니다. 금을 사고파는 것이 아니라 금과 관련한 기업에 투자하게 됩니다.

골드뱅킹을 이용해 투자할 수도 있습니다. 금 1g이 5만 원일 때

100만 원을 골드뱅킹으로 적립하면 통장에 100만 원 대신 금 20g을 예금한 것으로 처리됩니다. 골드뱅킹은 시세차익에 대한 15.4%의 배당소득세가 부과됩니다. 가격은 달러 환율이 적용되어서 환율에 따라서 가격이 변동할 수 있습니다. 나중에 실물 금으로 인출할 수도 있습니다.

생각을 키우는 Q

투자 시장과 원자재의 관계를 머릿속으로 그려보세요.

05

초고위험 초고수익 '해외선물'

#해외선물은 무엇 #대박과 쪽박
#투자자들이 몰리는 이유

국내 증시가 장기간 박스권을 맴돌자 국내 투자자들은 해외로 눈을 돌리기 시작했습니다. 비교적 적은 금액으로 대박을 거둘 수 있는 '해외선물'에 사람들의 관심이 쏠리기 시작한 것입니다. 금융투자협회에 따르면 2015년 해외선물 거래량은 4,450만여 건 정도였습니다. 하지만 2018년 1억 9,304만여 건으로 4배 넘게 폭증했습니다. 해마다 10% 안팎으로 늘어나다가 지난해에는 전년 대비 3배 이상 폭증했습니다.

해외선물은 대박을 거둘 수도 있지만 정말 한순간에 원금을 모두 잃을 수 있는 '초고위험 초고수익' 상품입니다. 초보는 해외선물에 절대 함부로 투자하면 안 됩니다. 하지만 위험한 투자 상품을 소개하는 이유가 있습니다. 해외선물을 통해 석유, 금, 달러, 유로, 주가지수 등 많은 투자처를 공부할 수 있고 시장의 변화를 빠르게 이해할 수 있기 때문입니다. 해외선물에 직접 투자하지 않더라도 알아두면 재테크에 많은 도움이 될 것입니다.

해외선물은 무엇?

해외선물의 투자 대상은 아주 다양합니다. 지수, 금리, 통화 같은 금융상품은 물론, 원유, 금, 옥수수, 커피 같은 원자재 상품까지 거래가 됩니다. 아시아, 유럽, 북미 등 전 세계 시장의 참여자가 24시간 연속적으로 거래할 수 있습니다. 많은 시장의 참여자가 있으므로 특정 세력에 의해서 쉽게 가격이 좌우되지 않습니다.

해외선물에는 CME라는 용어가 많이 등장합니다. CME Chicago Mercantile Exchange는 영문 약칭으로 '시카고 상품거래소'라는 뜻입니다. 세계 제2위의 선물거래소로 미국 전체 선물 및 옵션 거래량의 약 37%를 거래하고 있습니다. 개인 투자자는 증권회사 프로그램을 통해 주문할 수 있습니다. 증권회사 프로그램을 통해서 선물거래소로 주문이 전달되고 거래가 체결되는 구조입니다. 해외선물 계좌는 국내 주식 계좌와 서로 다르기 때문에 증권회사나 은행을 통해서 별도로 개설해야 합니다.

해외선물 거래 절차

해외선물에는 많은 종류가 있지만 중요한 종목만 확인하면 됩니다. 첫 번째로 S&P가 우량기업주를 중심으로 선정한 지수인 'E-mini S&P500'은 가장 인기 있는 종목입니다. E-mini S&P500은 기본적으로 경기 상황, 증시 부양책, 금리 인상, 실적 발표, 달러 흐름 등에 영향을 받습니다. 세계 증시의 거대한 물줄기로 우리나라 증시 역시 이에 상당한 영향을 받습니다.

두 번째는 유가의 흐름인 '크루드 오일Crude Oil'입니다. 크루드 오일은 마치 '해일'과 같습니다. 상승과 하락의 속도가 매우 가파르고 세계 경제에 미치는 영향이 매우 크기 때문입니다. 한번 상승하거나 혹은 하락이 정해지면 무섭게 달리는 특징이 있습니다. 이런 유가 변동을 바탕으로 국내 주식과 펀드 전략을 짜는 것이 좋습니다.

미국의 10년 만기 국채인 '10Yr U.S. Notes'도 좋은 투자지표입니다. 금리와 정확히 반대 방향으로 움직이는 것이 특징입니다. 금리 인상 혹은 인하 발표가 나기 전부터 움직이기 시작하는 경우가 많기 때문에 금리의 방향을 미리 읽을 수 있는 좋은 지표입니다. 마지막으로 안전자산인 '금' 가격의 변화를 살펴보는 것도 좋습니다.

투자자들이 몰리는 이유

그렇다면 왜 많은 사람들이 해외선물에 관심을 가질까요? 먼저 해외선물은 변동성이 크기 때문에 높은 수익을 올릴 수 있습니다. 또한 2~300만 원 정도의 투자 금액으로도 시작할 수 있습니다. 억대가 필요한 부동산에 비하면 매우 작은 투자 금액입니다. 거래를 잘하면 비교적 적은 투자 금액으로 하루에 수십만 원 이상의 수익을 올릴 수 있습니다.

직장인은 업무시간에 운영되는 국내 주식 시장에 실시간으로 투자할 수 없습니다. 하지만 해외선물은 퇴근하고 집에서 집중해서 투자할 수 있는 것도 장점입니다. 해외선물은 미국 시장이 개장하는 저녁 10시 정도부터 거래가 활발하게 시작됩니다. 투자원칙을 정하고 수익과 손절매를 철저하게 지킨다면 좋은 투자처가 될 수 있습니다.

해외선물 투자의 단점도 많습니다. 일단 매우 위험한 투자 방식입니다. 전 세계의 돈이 한 번에 움직이기 때문에 잘못하면 1~2시간 사이에 소위 '깡통'을 찰 수 있습니다. 또한 저녁과 새벽에 거래가 활발히 이루어지기 때문에 수익과 손절매 원칙을 지키지 않으면 밤에 잠을 잘 수 없습니다. 모니터를 보고 새벽 3~4시까지 투자를 하다 보면 생업과 건강에도 문제가 생길 수 있습니다.

06

4차 산업 혁명과
재테크 신대륙

#기술이 가져온 금융의 발전
#로봇이 투자를 해준다고? #현금 없는 세상?

금융업계는 수백 년 동안 실질적인 변화가 없었습니다. 지금도 각종 금융위기와 사고가 빈번하게 벌어지고 있습니다. 하지만 컴퓨터가 등장하고, 인터넷이 생기고, 스마트폰이 보급되면서 IT 기술은 눈부시게 발전했습니다. 기술의 발전으로 사람들의 저축, 소비, 투자 방식 역시 과거에 비해 크게 변했습니다. 이에 따라 모바일, 빅데이터, SNS 등의 첨단 정보 기술을 기반으로 한 금융서비스와 산업계의 변화 바람이 불고 있습니다.

IT 기술을 활용한 금융서비스의 대표적인 변화 사례는 모바일뱅킹입니다. 모바일을 이용해 은행에 직접 가지 않고도 다양한 업무를 처리할 수 있습니다. 하지만 이는 시작에 불과합니다. 은행과 현금이 사라질 수도 있고, 사람이 아닌 로봇이 나를 위해 투자하거나, 나를 위한 맞춤형 상품이 등장할 수 있습니다. 기술 발전으로 재테크 방법 역시 변화할 것입니다.

로봇이 투자를?

금융권에서는 로보 어드바이저Robo-Advisor라는 인공지능 로봇이 자산관리 역할을 하기 시작했습니다. 투자자가 입력한 정보와 축적해온 데이터를 기반으로 투자 조언을 하거나, 직접 자산운용을 하기도 합니다. 매번 전문가들이 투자를 결정하지 않고 자동으로 처리합니다. 이로 인해 인간의 실수를 줄이고 비용을 낮춰 투자자가 더 많은 수익을 가져갈 수 있습니다.

하지만 로보 어드바이저는 아직 걸음마 단계입니다. 전문가들의 업무를 아직까지 모두 완벽하게 대신하지 못합니다. 국내외 정치 상황의 급변이나, 전쟁, 대형사고처럼 통제할 수 없고 예측할 수 없는 변수에 어떻게 대처할지가 미지수입니다. 결국 로보 어드바이저를 만드는 것은 인간이기에 분명 오류와 한계가 존재합니다. 앞으로 발생할 오류와 한계를 어떻게 극복할지 지켜봐야 합니다.

현금 없는 세상?

2017년 12월 18일 비트코인은 사상 최고가를 찍었습니다. 비트코인과 다른 암호화폐의 가격 변화를 예측하고 투자해 수익을 좇는 것이 유행했습니다. 하지만 최고가를 찍었던 비트코인은 반토막이 났습니다. 가격을 좇는 것도 중요합니다. 하지만 새로운 투자처가 생긴 후에 어떤 변화가 일어날지 생각하는 것도 중요합니다.

새로운 변화는 현금 없는 사회입니다. 현금 없이 디지털로 거래가 된다면 다양한 장점이 있습니다. 먼저 지폐를 발행하고, 보관, 유지하는 비용이 줄어듭니다. 또한 기업, 정부, 개인이 투명하게 자금을 운용할 수 있습니다. 이밖에도 개인의 재테크 비용과 위험이 감소하는 다양한 장점이 있습니다. 그래서 새로운 기술로 현금 없는 사회를 만들기 위한 다양한 시도들이 이어지고 있습니다.

그중 비트코인이 우리에게 가장 널리 알려진 시도입니다. 하지만 뉴스와 주변에서 소문만 들었지, 현실에서 사용하는 경우를 본 적은 드뭅니다. 현실에서도 비트코인을 현금처럼 사용하는 것에 아직 준비가 덜 된 것입니다. 그래서 '비트코인이 폭등할 것이다', '곧 사라질 것이다' 등 다양한 추측이 난무하고 있습니다.

비트코인을 비롯한 모든 화폐는 교환 방식을 표준화하고 상거래의 효율성을 높이기 위해 생겨났습니다. 인류는 수천 년 동안 지폐가 없이 곡식, 상품, 서비스를 서로 교환해왔고, 다양한 과정을 거쳐 계속 발전했습니다. 기술의 발전은 결국 비트코인이 아니라도 비슷한 기능을 가진 화폐로 교환 방식을 표준화하고 효율성을 높일 것입니다.

비트코인과 다른 암호 화폐를 단지 단기적인 시세 차익을 위한 대상으로 생각해서는 안 됩니다. 개인, 기업, 정부에 미칠 영향과 앞으로 사회가 어느 방향으로 나갈지 고민해서 새로운 투자처를 찾아야 합니다. 물론 이런 과정은 굉장히 모호하고, 예측할 수 없습니다. 하지만 변화는 우리가 생각한 것보다 훨씬 빠르게 찾아옵니다. 당연히 준비된 사람은 좋은 기회를 잡을 것입니다. 앞에 보이는 작은 이익보다 더 멀리 내다보는 지혜와 통찰력이 필요합니다.

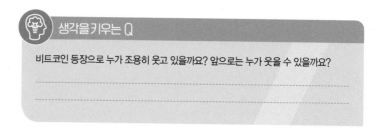

생각을 키우는 Q

비트코인 등장으로 누가 조용히 웃고 있을까요? 앞으로는 누가 웃을 수 있을까요?

07

중위험 중수익의
새로운 금융 'P2P'

#P2P투자는 뭐지? #P2P 이용 방법은?
#P2P는 안전할까?

저금리 시대에 새로운 재테크 투자처를 찾는 사람이 많아졌습니다. 2015년부터는 P2P 투자가 새로운 상품으로 떠오르기 시작했습니다. 최근 은행 이자는 1%를 조금 넘지만, P2P 투자는 수익률이 6~15%로 매우 높게 나타나고 있습니다. 수익률만 본다면 정말 눈이 번뜩이는 투자처입니다. 그렇다고 무작정 수익률만 보고 P2P 투자에 나섰다가는 손실을 볼 수 있는 만큼 제대로 공부하고 뛰어들어야 합니다.

P2P Peer to Peer 는 기업과 개인이 은행을 거치지 않고 온라인 플랫폼을 통해 직접 돈을 빌려주고, 빌리는 형태의 투자와 대출 방식입니다. 기존의 금융회사 대출과 기본적인 구조는 비슷합니다. 단지 은행

이 아닌 P2P 플랫폼을 통해 투자자와 대출 신청인이 직접 거래한다는 점에서 차이가 있습니다. 전통적인 금융기관은 다양한 비용이 들어갑니다. 하지만 P2P는 이런 비용을 최소화해 모두가 이익을 볼 수 있는 구조입니다.

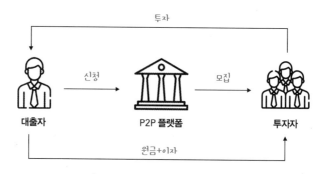

P2P 투자 & 대출 흐름도

P2P 이용 방법은?

먼저 대출 신청인이 P2P 서비스를 제공하는 웹사이트 등의 플랫폼에 대출을 신청합니다. 이때 다수의 투자자가 자금을 모아 빌려준 다음 정해진 기간 동안 이자를 받고 만기 때에는 원금을 받으면 됩니다. 개인 신용 대출, 부동산담보 대출, PF(프로젝트 파이낸싱) 대출, 소상공인 대출 등 다양한 상품에 투자할 수 있습니다.

P2P 방식으로 투자하기 위해서는 P2P 플랫폼 기업에 회원으로 가입한 후 투자를 위한 전용계좌를 발급받아야 합니다. 그리고 P2P

플랫폼에 등록된 투자 유치 목록에서 마음에 드는 곳에 투자하면 됩니다. 일일이 투자하고 확인하기 번거롭다면 자동으로 투자하는 기능도 있습니다. 분산투자는 물론 돈을 계속해서 굴릴 수 있는 장점이 있습니다.

P2P를 이용해서 대출을 받아 이자 비용을 줄이는 것도 좋은 방법입니다. 높은 금리로 대출을 받았다면 P2P 플랫폼에서 낮은 금리의 대출로 갈아타는 것도 좋습니다. 금융기관과 달리 중도상환수수료가 없는 업체도 있어, 수수료를 절약할 수 있습니다. 또한 대출자가 원금과 이자 상환 방식을 설계할 수도 있습니다. 자신의 현금흐름에 맞춰 대출을 설계한다면 이자 비용을 최소화할 수 있습니다.

P2P는 안전할까?

P2P 투자는 중위험 중수익의 상품으로 투자 수익과 원금이 보장되지 않습니다. 최악의 상황이 일어난다면 원금 손실 가능성이 있지만, 이는 투자자의 책임입니다. 하지만 P2P 업체는 다방면으로 리스크를 평가해 안전하고 수익률 높은 상품을 소개하기 위해 노력합니다. 이런 노력은 연체율을 통해서 확인할 수 있으며, 이를 통해 투자자의 돈을 잘 돌려주고 있는 업체인지 확인해야 합니다.

2015년 27개이던 P2P 업체는 2019년 6월 말 220개로 폭증했습니다. 중간에서 수수료만 받는 구조이기 때문에 많은 투자금이 필요하지 않아 업체가 우후죽순으로 생겨났습니다. 그래서 아직은 투자자를 보호할 수 있는 장치가 부족합니다. 2019년 6월 말 기준으로 P2P 대출 중 부동산 대출 비중이 60~70%에 달할 정도로 쏠림 현상이 심각합니다. 만약 부동산 경기가 어려움에 부닥치면 원금 손실이 발생할 가능성이 크다는 점도 염두에 두시기 바랍니다.

생각을 키우는 Q

P2P는 정말 안전할 투자처일까요?

고수들의 연말정산과 절세의 비결

#13월의 월급 #연말정산 팁
#고수들의 절세 핵심 '금융 소득'

모든 직장인을 공통으로 화나게 하는 일이 있습니다. 바로 '세금'입니다. 특히 직장인은 '유리 지갑'이라 불릴 정도로 소득이 정확히 계산되어 세금도 정확히 걷어 갑니다. 정말 화가 나지만 1년에 한 번 평범한 직장인에게도 좋은 일이 생길 수 있습니다. 연말정산을 통해서 세금을 환급받는 일입니다. 하지만 잘 준비하지 않으면 반대로 세금을 더 낼 수 있습니다. 잘 쓰면 약이 되고 잘못 쓰면 독이 되는 연말정산의 팁을 알아보겠습니다.

꼭 알아야 할 연말정산 팁

소득을 기준으로 세율을 정하면 내야 할 세금이 정해집니다. 연말정산을 보약으로 만들기 위해서는 소득공제와 세액공제를 알아야 합니다. 소득공제는 소득의 일부를 공제하는 것입니다. 소득이 많으면 세율이 높아집니다. 소득공제를 받으면 세율이 낮아질 수 있습니다. 세액공제란 실제 내야 할 세액의 일부를 직접 공제해주는 것입니다. 내가 내야 할 세금에서 일부를 내지 않는 것입니다.

연말정산 소득공제를 위해서는 체크카드가 신용카드보다 유리합니다. 카드 사용액이 총 급여의 25%를 넘은 경우, 초과 금액은 연간 300만 원 한도 내에서 공제받을 수 있습니다. 이때 신용카드는 15%, 체크카드는 30%를 공제받을 수 있습니다. 현금 사용 후에도 현금영수증을 발행하면 30%까지 공제받을 수 있습니다.

전세자금을 대출받아 원금과 이자를 갚거나, 주택담보대출을 받아 이자를 갚고 있다면 '주택임차차입금 상환액 공제'를 활용해야 합니다. 무주택 세대의 세대원인 근로자가 전용면적 85m²주택을 임차하기 위해 대출한 금액에 대해 300만원 한도 내에서 원리금과 이자 상환액의 40%가 소득공제 됩니다.

자녀가 있는 직장인이라면 자녀 공제를 꼭 챙겨야 합니다. 20세 이하 연 소득 100만 원 이하(근로소득만 있으면 총 급여액 500만 원 이하)인 자녀에 대해 1명당 150만 원씩 소득공제가 적용됩니다. 아동 수당을 받지 않는 7세 이상의 자녀가 있는 경우 추가 세액 공제 혜택도 있습니다. 자녀가 2명 이하이면 1명당 15만 원씩, 2명을 초과하면

1명당 30만 원씩 세액 공제 혜택을 받을 수 있습니다.

부양가족 없이 혼자 사는 1인 가구는 표준세액공제가 더 유리합니다. 1인 가구는 보험료, 의료비, 교육비, 기부금 등 지출이 적어 다양한 공제 혜택을 받지 못할 수 있습니다. 하지만 표준세액공제를 선택하면 일괄적으로 13만 원을 받게 되니 1인 가구라면 어떤 방식이 유리한지 꼭 확인해야 합니다.

고수들의 절세 핵심 '금융 소득'

시중에는 절세 노하우를 배워야 한다는 책과 영상이 많이 있습니다. 실제로 자산가들은 세금에 민감해 절세를 위해 노력합니다. 그렇다면 일반인도 자산가들의 절세 노하우를 배워야 할까요? 답은 '글쎄요'입니다. 대부분의 절세 노하우는 '금융 소득'에 집중되어 있습니다. 노동 소득이 대부분인 평범한 사람에게 당장 필요한 정보는 아닙니다. 그래서 금융 소득을 늘리는 데 더 많은 노력을 기울여야 합니다.

세금을 걱정하기 전에 투자 방법과 이익을 먼저 생각해야 합니다. 이는 일단 명문대에 합격해놓고 등록금을 걱정해야 하는 것과 비슷합니다. 물론 미리 예습하기 위해 공부하는 것은 좋습니다. 하지만 절세는 전문가를 이용하는 편이 가성비가 훨씬 좋습니다. 전문가의 조언을 더 쉽게 구할 수 있을 정도로 기본 지식 정도만 공부해두면 됩니다. 자신의 소중한 시간과 투자 기회를 얻기 위해 전문가에게 지급하는 비용을 아깝게 생각해서는 안 됩니다.

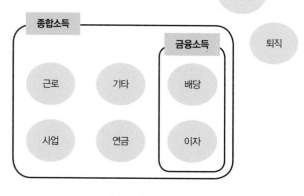

다양한 세금의 종류

금융소득이 늘어나 종합소득이 늘어나면 건강보험료와 국민연금에 영향을 줍니다. 소득이 없던 전업주부가 금융소득 종합과세에 해당하면 남편의 기본공제 대상자에서 제외됩니다. 또한 건강보험의 피부양자 자격도 상실하게 되어 독립적으로 건강보험료를 내야 할 수 있습니다. 직장에 다니고 있는 경우에는 추가로 내야 할 수도 있습니다.

그래서 자산가들은 연말이 되기 전에 이자를 발생시키는 금융상품을 증여해 종합과세를 줄이는 방법을 사용하고 있습니다. 특정 해에 수익이 집중되어 과세 한도를 넘으면 각종 세금 부담이 증가합니다. 이때는 배우자와 함께 소득을 분산해 받을 수 있도록 연도를 조정하는 것이 도움이 됩니다. 10월 정도에 금융소득을 정리하고 12월까지 추가로 발생할 금융소득을 파악해 미리 전략을 짜두는 것이 좋습니다.

생각을 키우는 Q

현재 나의 금융소득은 얼마나 되나요?
앞으로 금융소득을 늘릴 방법은 있나요?

09

시장을 떠나라!

#그들의 불편한 진실 #정보를 걸러라
#합리적 시장vs비합리적 투자자

주식과 펀드 같은 투자 방법에 대해 공부하고 시장의 상황을 살피는 것이 중요합니다. 시장의 흐름을 읽기 위해 매일 신문 기사도 읽고, 재테크 책도 읽고, 다양한 전문가의 의견을 듣는 것도 좋은 공부입니다. 하지만 지금처럼 정보가 홍수처럼 쏟아지는 상황에서 모든 정보를 이해하는 것은 불가능합니다. 달콤하고 그럴듯한 가짜 정보가 진짜를 위협하고 몰아내는 경우도 있습니다.

정보가 너무 많아서 갈피를 잡지 못한다고 느끼면 쉬어야 합니다. 정보가 유혹할 때 급하게 결정하지 않고 신중한 결정을 위해 쉬어야 합니다. 잘못하면 시장의 흐름을 읽는 것이 아니라 시장의 흐름에 휩쓸리게 됩니다. 모든 투자 시장은 기회가 항상 열려 있습니다. 이번에 기회를 잡지 못했다 해도 다음에 기회를 잡을 수 있습니다. 시장을 잠시 떠나는 것도 때로는 좋은 전략입니다.

그들의 불편한 진실

시장에는 많은 전문가가 있습니다. 언론, 금융회사, 정부기관 등 많은 곳에서 다양한 전문가들이 정보를 일반인들에게 제공하고 있습니다. 이들의 정보는 재테크를 위해서 꼭 필요합니다. 하지만 불편한 진실을 이야기하지 않을 때가 있습니다. 물론 악의적으로 왜곡된 정보를 고의로 퍼트리는 예도 있습니다. 이런 일이 발생하는 이유는 전문가 집단에도 한계가 있기 때문입니다.

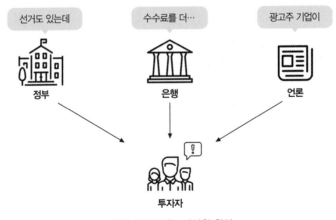

정보가 왜곡되는 다양한 원인

언론은 가장 쉽고 빠르게 정보를 얻을 수 있는 창구입니다. 세계 언론은 곳곳에서 발생하는 경제 상황을 실시간으로 전달받을 수 있다는 장점이 있습니다. 하지만 언론은 광고주라는 거대 자본의 그늘에서 벗어나기가 쉽지 않습니다. 기업의 광고가 끊겨서 돈이 들어오지 않으면 언론도 버틸 수 없습니다. 결국 광고를 주는 기업에게 불리한 뉴스는 폭로하기가 쉽지 않습니다.

금융회사는 누구보다 강하게 실전으로 다져진 전문가들로 뭉쳐진 집단입니다. 시장의 변화를 가장 빠르게 전달받을 수 있다는 장점이 있습니다. 하지만 금융회사는 수익의 압박에서 벗어날 수 없습니다. 기본적으로 고객의 '수수료'에 의존하며, 고객이 많을수록 수익이 많이 나는 구조입니다. 그렇기 때문에 금융상품의 좋은 부분만 부각해서 고객을 모으고, 나쁜 부분은 숨길 수 있습니다.

정부기관은 가장 공신력 있는 정보를 제공합니다. 시장을 좋은 방향으로 이끌어갈 수 있는 강한 힘까지 지니고 있습니다. 하지만 정치적인 이슈에 민감하게 반응합니다. 만약 정부까지 나서서 힘들다고 말하면 시민들은 정말로 공포에 떨 수도 있습니다. 심각하면 국가의 경제 전체가 위험해질 수 있습니다. 그 때문에 항상 괜찮다고 말할 수밖에 없습니다.

물론 모든 전문가 집단이 자신에게만 유리한 정보를 제공하지는 않습니다. 때로는 손해를 감수하고 진짜 정보를 제공하는 전문가들도 많습니다. 그래서 시장에는 상반된 정보가 섞여 있는 경우가 많습니다. 이를 분석하고 판단하는 것은 투자자의 몫입니다. 시장에서 한 발짝 떨어져 바라본다면 훨씬 잘 보일 것입니다.

합리적 시장 VS 비합리적 투자자

시장은 우리가 예상하는 것과 매우 다르게 움직입니다. 이미 많이 상승했다고 생각했는데 더 오르거나, 이미 많이 하락했다고 생각했는데 더 하락하는 경우도 많습니다. 무엇 때문에 이런 일이 발생할까요? 시장의 참여자인 투자자가 비합리적이기 때문입니다. 사람들은 시장이 비합리적으로 작동하고 있다고 생각합니다.

하지만 앞서 말한 이유처럼 시장에는 진실과 거짓 정보가 항상 같이 퍼집니다. 정보를 판단하는 투자자가 합리적이라면 진실과 거짓 정보를 구별할 수 있습니다. 하지만 투자자가 공부가 부족하고 탐욕과 공포에 쉽게 흔들린다면 합리적인 판단보다는 비합리적인 판단을 할 가능성이 더 높습니다. 시장이 틀렸다는 생각이 들면 혹시 자신이 비합리적인 판단을 하고 있는지 시장에서 벗어나 살펴봐야 합니다.

생각을 키우는 Q

마음을 비울 수 있는 투자금액은 얼마일까요?

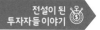

미스터 주식,
앙드레 코스톨라니

주식의 신

앙드레 코스톨라니Andre Kostolany는 1999년 93세로 세상을 뜰 때까지 평생을 투자자로 살았습니다. 그는 '유럽의 워렌 버핏', '주식의 신'이라 불렸을 만큼 성공한 투자자입니다. 그는 헝가리 태생이었지만 영어, 프랑스어, 독일어를 자유자재로 구사했습니다. 증권시장이 열리는 곳이면 나라를 가리지 않고 투자해 돈을 벌었습니다. 투자 대상도 주식에만 머무르지 않고 부동산, 원자재, 채권, 선물 등을 모두 투자 대상으로 보았습니다.

코스톨라니가 투자의 세계에 발을 내디딘 것은 18세 때입니다. 학창 시절 철학을 공부했던 그는 원래 예술 비평가를 꿈꾸는 소년이었습니다. 그는 투자에 몰두하면서도 잡지에 칼럼을 연재하거나 책을 쓰거나 강연을 통해 자신의 투자 철학을 알리는 데 노력해서 독일에서는 '미스터 주식'으로 유명해졌습니다.

그의 첫 번째 투자는 프랑스 주식의 공매도였습니다. 1920년대 후반 유럽의 돈이 미국으로 빠져나가면서 주가가 폭락하자 큰돈을 벌었습니다. 2차 세계대전이 끝난 후 독일의 국채를 사서 투자원금을 140배로 불리기도 했습니다. 당시 투자자들은 패전국인 독일이 지불능력이 없어 부채를 상환하지 않을 것이라고 생각했습니다. 하지만 코스톨라니는 독일이 부채를 갚을 것이라고 믿고 투자해 성공했습니다.

1989년에는 제정 러시아가 100년 전에 발행한 액면가 500프랑짜리 채권을 5프랑에 사들였습니다. 7년 후 채권 하나당 300프랑으로 상환 받아 60배의 수익을 남기기도 했습니다. 고르바초프와 레이건의 만남을 보고 앞으로 러시아가 유럽 채권시장에서 자금을 조달할 것이라고 생각했습니다. 이를 위해 제정 러시아 시절에 발행한 채권을 상환할 것이라 생각한 것입니다.

하지만 코스톨라니가 가장 관심을 갖고 투자한 것은 주식입니다. 주식은 장기적으로 본다면 상승하기 때문에 다른 투자보다 성공하기가 쉽고, 특히 튼튼한 대형 기업의 주식에 투자하면 성공 가능성이 높다고 생각했습니다. 그는 2차 세계대전 직후에 파산 지경에 이른 이탈리아의 고급 승용차 생산업체인 이소타의 주식을 싸게 사서 1년 뒤에 10배 이상의 이익을 남기고 팔았습니다. 1970년대 말에도 파산 위기에 몰린 미국의 크라이슬러 주식을 주당 3달러에 사서 엄청난 수익률을 올렸습니다.[5]

그는 경제와 주식 시장을 산책하는 주인과 개에 비유했습니다. 목

줄을 매고 산책하는 개는 주식 시장이고, 개를 산책시키는 주인은 경제라고 보았습니다. 산책하는 개는 주인을 앞서기도 하고, 뒤에서 따라가기도 합니다. 하지만 결국 개는 주인이 가는 길을 따라가게 됩니다. 즉 주식 시장은 경제를 따라 움직이게 됩니다.

개별 기업과 주식의 가격도 산책하는 주인과 개와 같습니다. 기업이 꾸준히 이익을 내고 있다면, 주가는 기업의 이익을 따라 앞과 뒤를 왔다갔다합니다. 하지만 결국 같은 방향으로 가고 같은 곳에 도달합니다.

그는 투자자의 심리에 관심을 가졌습니다. 그는 증권시장의 시세를 결정하는 기본 원칙이 '시세=돈+심리'라고 규정했습니다. 그래서 "심리학이 증권시장의 90%를 결정한다"고 말하기도 했습니다. 예측하기 어려운 주식 시장에 대해 코스톨라니는 "주식 시세가 항상 논리적인 것은 아니며 주변의 현상을 언제나 그대로 반영하는 것은 아니다"라고 하면서 "증권시장의 반응은 일시적으로는 예측할 수 없고 대부분 일정 시간이 지나야 기대했던 것과 같이 발전된다"고 말했습니다.

5

행복의 안전장치,
보험과 연금

01

행복의 안전장치 '보험'

#보험을 현명하게 #어떤 보험 먼저? #보험료 부담

보험의 필요성에 의문을 품는 사람들이 많습니다. 비싼 보험에 가입하느니 주식과 펀드 투자로 돈을 크게 불리는 것이 더 낫다고 생각합니다. 주식과 펀드가 재테크의 공격을 맡고 있다면 보험은 재테크의 수비를 맡고 있습니다. 운동 경기에서 아무리 많은 공격 포인트를 얻는다고 해도 실점이 많으면 경기에서 이기기 어렵습니다. 경기에서 수비와 공격의 균형이 필요하듯이 재테크 역시 투자와 위험을 관리해야 합니다.

우리 인생에서 어려움은 뜻하지 않게 찾아옵니다. 질병, 사고, 사망의 위험에 항상 노출되어 있습니다. 암 같은 중병에 걸리거나 갑작스러운 사고를 당하기도 합니다. 이럴 때는 거액의 병원비가 갑자기 필요해집니다. 몸이 아프면 소득도 줄어서 경제적으로 더욱 곤란해집니다. 이런 상황에 처할 때 보험은 경제적 지원을 통해 사람이 살아가는 동안 겪게 되는 각종 위험에 대비할 수 있도록 도와줍니다.

보험 가입 순서

보험을 현명하게

보험은 종류가 정말 많습니다. 보험설계사들의 설명을 들으면 모든 보험이 다 필요해 보입니다. 하지만 모든 보험에 가입할 수는 없습니다. 가장 위험이 높은 것부터 대비하는 것이 현명하게 보험에 가입하는 자세입니다.

가장 먼저 가입해야 할 보험은 실손형 의료보험입니다. 질병, 사고 등으로 인해 입원, 통원, 수술 등이 필요할 때 실제 병원 치료비를 보장받는 것이 첫 번째입니다. 실손형 의료보험은 병원비의 대부분을 보험사로부터 받을 수 있는 것이 장점입니다. 하지만 보험사가 지급하는 금액과 치료 횟수에도 제한이 있습니다. 거액의 치료비가 필요한 질병은 보장이 충분하지 않습니다. 그렇기 때문에 암, 뇌졸중, 심근경색 등 치명적인 질병에 대비할 보험이 필요합니다. 이런 보험은 CI보험이라고 부릅니다. 특정 질병 발생 시 거액의 돈이 나오기 때문에 치료비와 생활고를 해결하는 데 많은 도움이 됩니다.

만약 자녀가 있다면 어린이 보험에 가입해야 합니다. 자녀가 어릴 때는 여러 이유로 병원에 가는 경우가 종종 생깁니다. 이때 보험을 통해서 많은 도움을 받을 수 있습니다. 부모님이 계약하고 어린이가 피보험자로 혜택을 받을 수 있습니다. 질병과 사고에 대비하는 보험에 가입했다면 이제는 편안한 노후를 대비하는 연금보험이 필요합니다. 마지막으로 가입자가 사망하면 가족들에게 보험금이 지급되는 종신보험이 필요합니다. 가족들의 생계를 책임지는 가장에게 필요한 보험입니다. 종신보험은 가장 나중에 가입하면 됩니다. 시중에 나와 있는 보험에도 종신보험보다 금액은 적지만 사망 보장금이 들어 있기 때문입니다.

보험료 얼마나 부담?

보험이 꼭 필요한 것이고 좋은 것을 알았다고 해도 무리하게 가입할 필요는 없습니다. 전문가들은 보험에는 월급의 10% 정도만 지출하는 것을 권합니다. 중간에 소득이 없어도 낼 수 있을 정도의 금액으로 보험에 가입하는 것이 좋습니다. 중간에 납부를 중단하거나 해약하면 손실이 발생하기 때문입니다. 그러므로 여러 보험에 무리해서 가입하는 것은 좋지 않습니다.

보험은 만기가 되면 보험료 일부를 돌려주는 '환급형'과 돈을 돌려주지 않는 '소멸형'이 있습니다. 환급형은 보험료 부담이 많기 때문에 소멸형에 가입하는 것이 좋습니다. 환급형은 보험과 적금을 같이 가입하는 것과 비슷합니다. 보험은 보험대로 가입하고, 적금은 더 높은 이자를 주는 상품을 찾아서 저축하거나 투자하는 것이 좋습니다.

'보장기간'과 '납부기간' 역시 확인해야 합니다. 당연히 노년기까지 오래 보장받는 것이 좋습니다. 납부기간을 줄이면 보험료 부담은 커지지만 내야 할 기간이 짧아집니다. 반대로 납부기간을 늘리면 보험료 부담은 적지만 내야 할 기간이 길어집니다. 납부기간은 자신의 직업 특성과 생활방식을 고려해서 선택해야 합니다.

🧠 생각을 키우는 Q

현재 가입한 보험을 노트에 정리해보세요.

02

보험 선택의 꿀팁

#보험의 이름 #아리송한 보험 용어 #사업비는 꼭 확인

평소 보험 광고에 나오는 보험 이름과 설명을 보면 무슨 보험인지, 어떤 보장을 해주는지 이해하기 어렵습니다. 보험에만 쓰이는 용어가 많기 때문입니다. 그래서 보험의 핵심 키워드를 알아야 합니다. 보험 상품 역시 공통된 규칙과 기능이 있습니다. 상품명과 설명에 나오는 몇 가지 단어의 의미를 이해하면 상품의 특징을 쉽게 파악할 수 있습니다.

보험을 파악하기 위해 알아두면 좋은 지식이 몇 가지 있습니다. 배당 여부, 부가 기능, 본질 보장 기능 정도입니다. 이런 정보는 보통 보험 이름에 명기되어 있습니다. 그 때문에 자신에게 적합한 보험을 고를 수 있는 첫 번째 방법은 보험 이름을 이해하는 것입니다.

	용어	의미
본질기능	종신	사망 시 보장
	정기	일정 연령 또는 기간 동안 보장
	CI	치명적 질병 보장(ex: 암, 심근경색, 뇌졸증 등)
부가기능	변액	보험금 일부를 펀드에 투자
	유니버셜	수시 입출금 가능
배당 여부	유배당/무배당(무)	현재는 대부분 무배당
기타	방카	은행에서 판매
	다이렉트	홈페이지나 전화로 판매
	즉시(바로)	연금보험을 거치기간 없이 바로 수령 시작

아리송한 보험 용어들

보험 이름에서 알아두어야 할 첫 번째 용어는 '유배당'과 '무배당' 입니다. 과거에는 상품 이름의 가장 앞자리에 회사 이름을 넣었습니다. 하지만 지금은 회사 이름이 없는 상품도 많습니다. 유배당은 보험계약자가 낸 보험료를 운용해서 이익이 발생하면 일부를 계약자에게 돌려줍니다. 무배당 보험은 이익이 발생해도 계약자에게 돌려주지 않습니다. 과거에는 유배당 상품이 많았지만, 현재는 사실상 무배당 상품이 전부입니다. 그래서 대부분의 보험 이름에 '무배당'과 '(무)'가 적혀 있습니다.

그다음은 부가기능 '유무'에 따른 용어입니다. 금융업이 발달하면서 위험에 대비하는 보험의 본질에 다른 기능을 더한 것입니다. 부가기능은 '변액'과 '유니버셜'이 있습니다. '변액'은 계약자가 낸 보험료 중 일부를 펀드에 투자해 운용실적에 따라 고객에게 이익을 배분합니다. '유니버셜'은 보험료 납부를 자유롭게 할 수 있다는 것을 의미합니다.

과거에는 보험료 납부를 중단하면 몇 개월 후 실효되는 경우가 많았습니다. 그래서 보험기간 중에 돈이 급히 필요하면 이자를 내고 보험계약대출(약관대출)을 받았습니다. 이런 단점을 극복하기 위해 '유니버셜' 기능이 생겨났습니다. '유니버셜'은 의무 납입기간 이후에 보험료 납부를 잠시 중단하거나 찾을 수 있고, 설정한 금액 내에서 추가로 더 낼 수도 있습니다.

마지막으로 연금, 교육보험 등 본질적인 보장기능을 의미하는 용어가 있습니다. 계약자가 사망하면 보장하는 '종신', 일정 나이 또는 기간 동안 보장하는 '정기', 치명적 질병이 발생했을 때 보장하는 경우에는 'CI'가 붙습니다. 보험설계사 이외에 은행에서 판매되면 '방카', 홈페이지에서 판매하면 '다이렉트'가 붙습니다. 연금보험에 붙어 있는 '즉시(바로)'는 거치기간 없이 가입 후 바로 연금을 받을 수 있는 기능이 있다는 뜻입니다.

'사업비'는 꼭 확인!

보험 가입자 입장에서는 사업비가 적어야 이익입니다. 사업비는 보험회사가 영업에 사용하는 비용으로 보험료에 포함되어 있습니다. 보험료의 금액 중 일부를 보험설계사에게 수당으로 지급하고, 직원 급여, 광고비, 판촉비, 점포운영비 등으로 사용합니다. 일반적으로 사업비는 보험료의 20~30% 수준입니다. 보험료 10만 원을 내면 2~3만 원은 사업비로 쓰인다는 말입니다.

내가 보험료를 많이 내도 사업비로 많이 빠지면 결국 보장이 줄어들 수밖에 없습니다. 결국 사업비가 낮은 상품이 좋은 상품일 가능성이 큽니다. 보험에 가입하면 상품설명서에 '사업비' 항목이 나오니 꼼꼼하게 확인해야 합니다. 또한 보험 광고에 나오는 이자율을 그대로 믿으면 안 됩니다. 사업비나 기타 수수료까지 꼼꼼히 살펴봐야 합니다.

생각을 키우는 Q

내가 가입한 보험 이름의 의미는 무엇일까요?

03

내 보험은 안전할까?

#내 돈을 지켜줄 보험회사는? #지급여력 비율
#보험사가 망한다면?

현대인에게 보험은 필수적인 금융상품이 되었습니다. 다양한 위험을 혼자서 모두 대비할 수는 없기 때문입니다. 하지만 많은 사람이 가입한 보험회사에 문제가 생긴다면 어떻게 될까요? 보험회사가 파산하면 가입자는 보장을 받지 못할 뿐만 아니라 지금까지 납입한 보험료를 전부 날리게 될지도 모릅니다. 다행히 아직 보험회사가 파산해서 계약이 무효가 된 사례는 없었습니다.

보험회사가 문을 닫는 경우가 간혹 발생하지만, 정부가 나서서 모든 계약을 다른 보험회사에 조건 변경 없이 그대로 이전시켜 주기 때문입니다. 하지만 현재 가입한 보험회사의 경영상태가 악화되는 것은 기분 좋은 일은 아닙니다. 따라서 보험에 가입하기 전에 여러 가지

지표를 따져보고 안전한 보험회사를 선택해야 합니다.

내 돈을 지켜줄 보험회사는?

어느 기업이든 이익이 많이 나는 회사가 가장 안전한 회사입니다. 보험회사 역시 마찬가지입니다. 보험회사가 이익을 얻는 경우는 크게 두 가지로 나뉩니다. 상대적으로 높은 보험료를 받으면서 보장을 적게 해주거나, 받은 보험료를 잘 운용하는 경우입니다. 우리가 선택해야 하는 보험사는 후자입니다. 재정이 튼튼하면서 가입자의 자산을 안전하고 효율적으로 운용하는 보험회사입니다.

이를 살피기 위해서는 '총자산이익률ROA, Return On Assets'과 '자기자본이익률ROE, Return On Equity'을 점검해야 합니다. 총자산이익률은 기업의 총자산을 이용해서 얼마나 이익을 얻었는지 확인할 수 있는 지표입니다. 총자산이익률이 10%라면 총자산 1,000원을 이용해 100원의 이익을 남겼다는 뜻입니다. 수치가 높을수록 자산을 많이 활용한 것이기 때문에 효율적인 경영을 했다는 증거라고 볼 수 있습니다.

자기자본이익률은 경영자가 주주의 자본을 사용해 얼마나 이익을 얻고 있는지 나타내는 지표입니다. 자기자본이익률이 10%라면 연초에 1,000원을 투자해 연말에 100원의 이익을 냈다는 뜻입니다. 역시 수치가 높을수록 효율적인 경영을 했다는 증거입니다. 자본과 자산의 규모가 크다고 무조건 좋은 것은 아닙니다. 그렇지만 이런 식으로 효율적인 자산 운용이 이루어지고 있는지 반드시 확인해야 합니다.

지급여력비율

어느 날 대형사고가 발생해 보험회사에 거액의 보험금 지급 요청이 들어올 수 있습니다. 보험금을 지급하기 위해서는 보유하고 있는 자산을 매각해서 현금을 마련해야 합니다. 이때 고객들의 보험금을 지급해줄 수 있는 능력을 보여주는 지표가 바로 '지급여력비율RBC, risk-based capital ratio'입니다. 보험회사가 보유한 자산을 매각해서 모든 보험금을 한 번에 지급할 수 있다는 것은 지급여력비율이 100%가 넘는다는 것을 뜻합니다.

금융당국은 보험사의 지급여력비율이 최소한 100%가 넘도록 의무화하고 있습니다. 지급여력비율이 100%를 넘지 못하면 금융당국은 경영 개선명령을 내리기도 합니다. 2008년 금융위기 직후인 2009년에는 생명보험사 4곳, 손해보험사 2곳이 이 기준에 충족하지 못했습니다. 다행히 현재 대다수 보험사는 지급여력비율이 200%를 넘고 있습니다.

지급여력비율이 높을수록 우량한 보험회사이니 보험 가입 전에 반드시 확인해야 합니다. 지급여력비율은 '금융소비자정보포털 파인(http://fine.fss.or.kr)' 홈페이지의 '금융회사 핵심경영지표' 항목에서 조회할 수 있습니다. 보험회사의 정보뿐만 아니라 은행, 저축은행, 카드사의 지표도 조회할 수 있습니다.

보험회사가 망한다면?

보험회사가 문을 닫는 경우가 발생하면 정부가 나서서 모든 계약을 다른 보험회사에 조건 변경 없이 그대로 이전시켜 줍니다. 하지만 파산한 보험회사가 인수되지 않으면 어떻게 될까요? 이때는 예금자 보호법에 따라 1인당 5,000만 원까지 보호받을 수 있습니다. 고객이 지금까지 낸 보험료와 해약환급금 중 많은 금액을 받고 계약은 소멸합니다.

보험료 일부를 주식이나 채권에 투자하는 변액 상품도 2016년 6월 23일부터 예금자 보호 규정이 적용되었습니다. 변액 상품은 투자실적에 따라 받는 보험금 액수가 달라지는 상품이어서 예금자 보호 대상이 아니었습니다. 하지만 이제 최저 보장 보험금에 한해 일반 보험과 같은 수준으로 예금자 보호를 받을 수 있게 되었습니다. 최저 보장 보험금은 펀드 실적과 관계없이 보험사가 계약자에게 지급해야 하는 돈입니다.

생각을 키우는 Q

내가 가입한 보험회사는 정말 안전할까요?

04 꼭 챙겨야 하는 보험상식

#보험약관과 상품설명서 #NO 불완전 판매

보험에 가입하기 위해 알아보면 정말 너무나 많은 보험이 있고, 어려운 의학용어나 보험 전문용어들도 많이 등장합니다. 그렇기 때문에 가입하는 보험이 어떤 상품인지 모르는 상태에서 단순히 보험설계사의 추천만 믿고 가입하면 안 됩니다. 보험 역시 계약이니 나의 권리를 반드시 꼼꼼히 따져 봐야 합니다. 그렇지 않으면 보험회사와 분쟁에 휩싸이거나 보험금을 못 받는 불상사가 발생할 수 있습니다. 아직은 소비자 피해를 스스로 증명하는 것이 어렵기 때문에 자신의 권리는 당당히 나서서 챙겨야 합니다.

보험약관과 상품설명서

　보험설계사들은 영업 현장에서 상품설명서를 활용해 가입을 권유합니다. 보험 소비자가 직접 서명을 하는 서류도 청약서와 상품설명서입니다. 온라인 계약 소비자들 역시 상품설명서를 보고 주로 가입합니다. 하지만 상품설명서의 내용은 보험 소비자가 받을 혜택 위주로 설명되어 있습니다. 보상하는 범위와 미보상 범위, 회사 면책사항 등은 보험약관에 자세히 기술되어 있습니다. 그러므로 약관을 꼼꼼히 살펴봐야 합니다.

　보험회사와의 분쟁이 발생하면 보험약관을 통해서 권리를 주장할 수 있습니다. 보험약관은 보험회사가 가입자와 계약하기 위해 미리 마련해둔 계약 내용입니다. 여기에 보장 개시일, 보험 지급 사유 등 계약 당사자의 권리와 의무가 상세하게 기록되어 있습니다. 보험회사는 계약할 때 보험약관의 주요 내용을 반드시 설명하고 전달해야 합니다. 만약 보험약관을 전달받지 못했다면 계약이 성립한 날부터 3개월 이내에 계약을 취소할 수 있습니다.

　금융당국은 수년 전부터 보험사들에게 약관을 쉽게 만들라고 권고하고 있지만, 아직도 소비자의 눈높이보다 어려운 것이 현실입니다. 이해하기 어려운 부분은 반드시 설계사에게 자세한 설명을 요구해야 합니다. 분쟁은 보상을 받지 못할 때 발생합니다. 약관을 꼼꼼하게 확인하는 것이 분쟁을 막을 수 있는 지름길입니다.

NO 불완전 판매

보험 '불완전 판매'란 보험을 계약할 당시 설계사나 계약자의 실수로 보험 계약에 필요한 절차가 빠진 것을 뜻합니다. 즉 보험 계약이 '완전하게' 이루어지지 않은 상태를 말합니다. 이런 불완전 판매로 계약자가 피해를 볼 수 있습니다. 정말 눈 뜨고 코 베이는 격입니다. 불안전 판매는 크게 3가지 경우가 있습니다.

첫째, 보험증권이나 약관을 전달하지 않은 경우입니다. 중요한 설명이 들어 있는 서류이기 때문에 반드시 받아야 합니다. 두 번째는 계약자의 자필 서명이 빠진 경우입니다. 계약자의 자필 서명 없이 보험을 계약했다면 확인 후 해약할 수도 있습니다. 세 번째는 설계사의 상품 설명이 미흡한 경우입니다. 이는 설계사가 보험 판매를 위해 좋은 점만 부각해서 소비자가 약관에서 꼭 알아야 할 중요한 내용을 설명받지 못한 것입니다. 예를 들어 3% 확정금리로 안내받았는데 확인해보니 변동 금리인 경우, '2년만 내면 보험료 안 내도 무관하다'는 것만 강조하고 계약이 실효되는 것을 설명하지 않는 경우 등 다양한 상황이 있습니다.

계약 체결일로부터 3개월 이내에 불완전 판매 사실을 알게 되면 보험사에 통보해 계약을 해지해야 합니다. 이때 보험료를 모두 돌려받을 수 있습니다. 보험사가 불완전 판매를 인정하지 않는다면, 금융민원센터(https://www.fcsc.kr)에 민원을 신청할 수 있습니다. 은행, 보험, 증권 등 금융회사와의 분쟁이 발생했을 경우에도 모두 신청할 수 있습니다.

설계사를 직접 만나서 계약한 경우가 아닌 온라인이나 전화를 통한 계약이어서 녹취가 남아 있는 경우는 비교적 입증하기가 쉽습니다. 하지만 설계사와 직접 계약하는 경우에는 녹취가 없고 사인을 했기 때문에 입증하기가 어렵습니다. 설계사를 만나더라도 녹취를 해서 증거자료를 남겨두는 것도 좋은 방법입니다.

금융민원센터 홈페이지

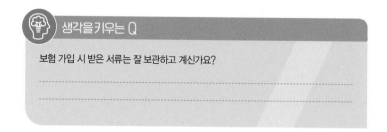

생각을 키우는 Q

보험 가입 시 받은 서류는 잘 보관하고 계신가요?

05

자동차 보험을 알려줘!

#사람을 위한 대인배상Ⅰ, Ⅱ #재산을 위한 대물 배상
#길 가다 다쳐도?

자동차를 구매하면 반드시 자동차 보험에 가입해야 합니다. 운전 중 사고가 발생해서 나와 내 가족이 다치거나 차가 파손될 경우 그 피해를 보장받고, 다른 사람이 사망하거나 상처를 입으면 일정액의 보상금을 받을 수 있기 때문입니다. 아무리 보험료가 비싸도 자동차 보험은 의무적으로 가입해야 합니다.

사고가 발생하지 않는데도 보험료를 꼬박꼬박 내면 왠지 아깝다는 생각이 듭니다. 하지만 보험은 혹시 모를 만일의 사태에 대비하는 것이 목적입니다. 사고가 나지 않더라도 아깝게 생각해서는 안 됩니다. 오히려 보험이 있기에 든든하게 운전할 수 있다고 생각해야 합니다. 보험이 없으면 불안한 마음이 생겨서 오히려 위험할 수 있습니다.

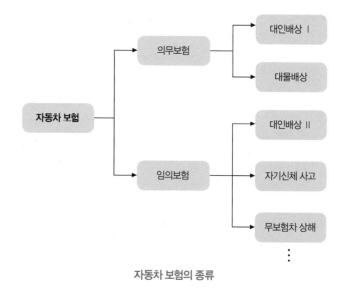

자동차 보험의 종류

자동차 보험을 알려줘

자동차 보험에는 의무보험인 대인배상Ⅰ과 대물배상, 임의로 선택할 수 있는 대인배상Ⅱ, 자기신체 사고, 자동차 상해, 자기차량 손해, 무보험차 상해 등이 있습니다. '대인배상Ⅰ'은 피보험자가 자동차 사고로 타인을 죽거나 다치게 할 경우 한도 내에서 보장해 줍니다. 사고 난 상대방 및 상대 차량 동승자에 대해 최대 1억 5,000만 원까지 보상해줍니다.

'대물배상'은 자동차 사고로 다른 사람의 재물을 훼손하면 보상해 줍니다. 대물배상의 최소한도는 2,000만 원입니다. 하지만 사고가 나면 대물배상 범위를 초과하는 경우도 생깁니다. 예를 들어 비싼 수입차와 사고가 나면 2,000만 원 한도 이상은 개인이 부담해야 합니다. 그렇기 때문에 대부분 한도를 올려서 가입해야 합니다. 대인배상Ⅰ과 대물배상은 기본적으로 운전자 자신을 위한 담보가 아닙니다. 상대 운전자 및 동승자를 위한 보험입니다.

의무보험을 넘어 선택이 가능한 '대인배상Ⅱ'는 대인배상Ⅰ의 부족한 부분을 메워주는 보험입니다. 피보험자가 자동차 사고로 타인을 죽거나 다치게 하면 대인배상Ⅰ에서 먼저 지급합니다. 그리고 초과하는 금액을 '대인배상Ⅱ'에서 보상합니다. 1인당 보험금액을 설정할 수 있고 '무한대'로 할 수도 있습니다. 당연히 큰 사고가 나지 않아야 하지만 만일 발생하면 모두의 몸과 마음이 고통받습니다. 때문에 가능하면 '무한대'로 하는 것이 좋습니다.

'자기신체 사고'는 피보험자가 죽거나 다친 경우를 보상해 줍니다. 보통 보험료가 저렴한 대신 보상 범위가 좁고 보상액 또한 적습니다. 이런 부족한 부분을 메우기 위한 '자동차 상해' 계약이 있습니다. 이 계약의 경우 과실 여부를 따지지 않고 보험금을 보상받습니다. 보상 금액도 '자기신체 사고'보다 많습니다.

'자기차량 손해'는 사고가 발생한 경우 손해액(수리비 등) 일부를 보험 계약자가 부담하고, 나머지를 보험회사가 부담합니다. 보통 본인부담금은 전체 금액 중 20%, 부담 범위 구간은 20만~50만 원으로 가입합니다. 총 500만 원 손해가 나면 20%인 100만 원이 아닌 50만 원을 부담합니다. 또한 '물적 할증기준'도 있습니다. 설정한 금액 기준 이하이면 보험료가 조금 상승하고, 초과하면 보험료가 많이 상승합니다.

'무보험차 상해' 계약도 있습니다. 상대 차량 운전자가 책임보험만 가입하거나, 무면허운전, 음주운전, 뺑소니 등의 이유로 상대로부터 충분한 보상을 받을 수 없을 때 먼저 배상해주는 보험입니다. '무보험차 상해' 담보는 적용 범위가 매우 넓습니다. 피보험자, 배우자, 부모, 자녀, 배우자의 부모 모두 보상받을 수 있습니다. 형제·자매는 통상적인 관념으로는 가족에 속하나 보험에서는 가족 범위에 들지 않습니다.

또한 자동차에 탑승하지 않은 사고도 처리할 수 있습니다. 길을 걷다 무보험차에 의해 다치더라도 '무보험차 상해'에 가입했다면 보상받을 수 있습니다. 자전거를 타다가 다치는 것은 물론, '무보험차 상해'를 가입하지 않은 다른 자동차에 탑승했다가 사고를 당해도 자신의 보험으로 보상받을 수 있습니다.

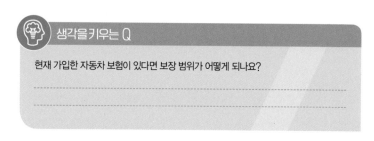

생각을 키우는 Q

현재 가입한 자동차 보험이 있다면 보장 범위가 어떻게 되나요?

06

자동차 보험을 줄여줘!

#다양한 할인들 #연령대별 할인

자동차 보험에는 다양한 특약이 있고 보험요율도 보험사 자율로 정하게 되어 있어 보험료를 절약할 방법이 많아졌습니다. 가입자 본인이 세밀하게 따져보지 않고 보험사에서 권하는 대로만 가입했다가는 보험료를 더 낼 수 있습니다. 즉 자동차 보험료는 아는 만큼 보험료를 절약할 수 있습니다. 반드시 본인에게 맞는 보장 내용을 선택하고 보험료를 할인받을 수 있는 각종 특약 및 차량 부속 장치를 알아두면 좋습니다.

다양한 보험 할인

국내의 많은 보험회사가 자동차 보험 상품을 판매하고 있습니다. 그만큼 고객을 유치하기 위해 다양한 '할인 특약'으로 치열하게 경쟁하고 있습니다. 따라서 보험에 가입하거나 갱신하기 전에 보험회사의 상세한 조건을 비교해야 합니다. 손해보험협회 및 생명보험협회에서 운영하는 '온라인 보험슈퍼마켓 보험다모아'(https://e-insmarket.or.kr) 홈페이지를 통해서 대략적인 사항을 비교할 수 있습니다.

일반적으로 텔레마케팅과 컴퓨터·모바일 등 온라인으로 가입하는 다이렉트 보험이 10~15% 정도 보험료가 낮다고 알려져 있습니다. 다만 보장이 제약된 경우도 있으니 보험료가 싸다고 무조건 가입할 것이 아니라 보장 내용까지 체크할 필요가 있습니다. 또한 보험회사마다 다양한 할인 특약이 있으니 세부사항까지 잘 살펴봐야 합니다.

먼저 자동차에 안전장치가 있다면 보험료가 인하됩니다. 운전석과 조수석 그리고 뒷좌석까지 에어백이 있다면 추가적인 할인을 받을 수 있습니다. 블랙박스를 장착한 경우에도 할인을 받을 수 있습니다. 연간 주행거리가 많지 않다면 마일리지 할인 특약을 하는 것도 좋습니다. 1년 주행 거리를 약정한 후 실제 주행 거리가 이를 초과하지 않은 경우 보험료를 줄일 수 있습니다. 안전운행으로 사고가 나지 않으면 다음해에 3~13%의 할인 혜택을 제공하기도 합니다.

연령대별로 아끼는 방법

20대는 자동차 보험료가 가장 비싼 연령대입니다. 20대의 자동차 보험료가 가장 비싼 이유는 운전 경력 부족으로 사고율이 높기 때문입니다. 따라서 자동차 보험 최초 가입자라도 운전 경력을 인정받아서 할인을 받으면 좋습니다. 군대 운전병 복무 경력, 관공서 및 법인체 운전직 근무 경력, 외국 자동차 보험 가입 경력, 가족 자동차 보험 가입 경력이 있다면 혜택을 받을 수 있습니다. 그리고 가족의 자동차 보험에 추가 보험 가입자로 등록해 할증요율을 줄이고, 최소 1년 이상 무사고로 안전하게 운전하면서 보험료를 줄이는 방법이 있습니다.

30대는 자동차 보험료가 가장 저렴해지는 연령대입니다. 특히 만 38세 이상의 나이대는 보험료가 더욱 낮아집니다. 결혼하여 첫아이가 가장 많이 생기는 30대에 놓치지 말아야 할 할인 특약은 바로 자녀 할인입니다. 모든 손해보험사가 임신 중인 태아도 자녀로 인정하여 최소 5%에서 최대 13%까지 높은 할인율을 제공하고 있기 때문입니다.

40~50대는 보험회사마다 차이는 있지만, 연령 한정 운전 특약을 통해 보험료를 낮출 수 있습니다. 주의해야 할 점은 한정 운전 특약에 가입 시, 적용한 해당 나이보다 어린 운전자가 사고를 낼 경우 보상을 받을 수 없으니 주의해야 합니다. 또한 자동차 보험 적용 운전자 범위를 1인이나 부부로 한정해서 할인을 받을 수 있습니다.

국민연금
노후를 지켜줘!

#연금은 보험이다 #국민연금은 기본 #국민연금 꿀팁

우리 모두 시간이 지나면 자연적으로 늙고, 나이가 듦에 따라 노동소득이 줄어들게 됩니다. 젊어서 열심히 저축하고 투자하는 것도 노후를 대비하는 좋은 방법입니다. 하지만 우리의 삶이 항상 뜻대로 되는 것은 아닙니다. 인생은 변수가 매우 많기 때문입니다. 그 때문에 뜻하지 않은 노후의 가난을 피하기 위해서 보험에 들어야 합니다. 그 보험이 바로 '연금보험'입니다.

연금은 저축이 아닌 보험 성격이 더욱 큽니다. 연금을 저축이라고 생각하면 유지하기가 힘듭니다. 당장 수익률이 높은 곳이 눈에 보이기 때문입니다. 따라서 빈곤한 노후라는 위험을 회피하기 위한 '보험'이라고 생각해야 합니다. 마치 자동차 사고를 대비하는 자동차 보험처럼 뜻하지 않은 노후의 가난이라는 사고에 대비하는 것입니다.

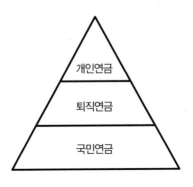

노후 보장을 완성하는 연금의 종류

국민연금은 기본!

사회보험제도로 노년의 빈곤한 상황에 대비하는 강제 보험인 국민연금이 있습니다. 국내에 거주하는 국민으로서 18세 이상 60세 미만이면 국민연금 가입대상이 됩니다. 공무원·군인 및 사립학교 교직원은 별도의 연금에 가입합니다. 국민연금 의무가입 대상이 아니어도 가입할 수 있습니다. 최소 가입 기간은 10년으로 10년을 채우지 못했다면 연금이 아닌, 일시금으로 나옵니다.

대부분의 전문가는 국민연금을 노후 대비를 위한 첫 번째 방법으로 추천합니다. 국민연금은 국가가 지급을 보장하기 때문에 국가가 존속하는 한 반드시 지급되기 때문입니다. 또한 물가가 오르더라도 실질 가치가 보장됩니다.

연금을 받기 시작한 이후 매년 4월부터 전년도의 전국 소비자물가 변동률에 따라 연금액을 조정하여 지급합니다.

국민연금 가입 후 실직이나 폐업, 경력 단절 등으로 보험료를 납부하지 못하는 시기가 발생할 수 있습니다. 이때는 추후 납부 제도를 적극적으로 활용하면 됩니다. 만 60세 전에 추후 납부하면 해당 가입기간을 반영해줍니다. 또한 임의 가입을 통해 주부나 학생도 가입할 수 있습니다. 최소 가입기간 10년을 채우면 연금을 받을 수 있습니다.

국민연금의 장점과 단점

국민연금의 장점은 적게 내고 많이 받는 것입니다. 하지만 단점 역시 적게 내고 많이 받는 것입니다. 국민연금은 1988년부터 '국민연금법'에 의해 시행되고 있습니다. 근로 소득자 본인이 4.5%, 회사가 4.5%를 나눠서 매달 소득의 9%를 내고 70%를 돌려받는 구조로 만들었습니다. 당시 반발이 너무 심해서 적게 내고 많이 받는 구조로 만들었던 것입니다. 초기 70% 비율을 계속 줄여서 지금은 40% 비율까지 낮췄습니다.

이처럼 적게 내고 많이 받는 구조는 가입자에게 좋습니다. 하지만 그만큼 받을 금액이 줄어들어 연금이 빨리 고갈될 수 있습니다. 아이러니하게도 장점이 단점이 되는 사태가 벌어진 것입니다. 지금 구조는 젊은 세대는 부담이 증가해 불만이 쌓이고, 연금을 받을 사람들은 고갈될까 불안한 구조입니다. 우리의 노후를 위해 같이 고민하고 지혜를 모아야 할 때입니다.

국민연금에 숨겨진 꿀팁

국민연금을 더 받기 위해서는 소득을 높여 보험료를 더 많이 내거나 가입기간을 늘려야 합니다. 소득을 높이는 것보다는 오래 내는 방식을 선택하는 것이 좋습니다. 실제 납입금액이 같은 경우 가입기간이 길수록 더 많은 연금을 받을 수 있기 때문입니다. 국민연금은 만 60세가 되면 의무가입 대상에서 제외됩니다. 하지만 '여력'이 된다면 '임의계속가입'을 통해 만 65세까지 가입기간을 연장하는 것이 좋습니다.

국민연금은 출산, 군 복무, 실업 상황에도 국민연금 가입기간을 추가 인정해주는 크레디트 제도를 지원합니다. 출산 크레디트는 2008년 1월 1일 이후 출산·입양한 둘째 자녀부터 인정됩니다. 자녀가 2명인 경우 12개월, 3명 이상이면 1인당 18개월씩 최대 50개월까지 가입기간을 추가 인정받을 수 있습니다. '군 복무' 크레디트는 2008년 1월 1일 이후 입대해 병역 의무를 이행한 사람에게 가입기간을 6개월 추가로 인정해주는 경우입니다.

실업 크레디트는 국민연금 가입자 또는 가입자였던 구직급여 수급자 중 희망자에 한해 보험료를 지원해주는 제도입니다. 25%를 본인이 부담하는 경우에 국가에서 75%를 지원합니다. 실업 크레디트는 1인당 구직급여 수급 기간 중 생애 최대 12개월까지 지원됩니다. 다만 일정 수준 이상의 재산 보유자와 고소득자에 대해서는 보험료 지원을 제한하고 있습니다.

공포 마케팅 주의

노후를 대비하기 위해서는 국민연금, 퇴직연금, 개인연금 순서로 차근차근 준비하면 됩니다. 전문가들은 가입기간의 평균소득과 연금 지급액을 비교해 65~70% 수준이면 적당하다고 보고 있습니다. 그러므로 노후에 월 생활비가 얼마나 필요한지 계산해보는 것이 필요합니다. 보험사들이 말하는 '노후에 최소 10억 필요' 같은 공포 마케팅에 흔들려서는 안 됩니다. 무리하게 가입하면 현재 생활이 힘들어집니다. 만약 중간에 해약할 시 오히려 손해를 볼 수 있습니다.

> **생각을 키우는 Q**
>
> 현재 어떻게 노후 준비를 하고 계신가요?

08

여유로운 노후를 위하여!

#DB와 DC형 #개인형 퇴직연금(IRP)
#윈윈 퇴직연금 제도

국민연금은 노후를 준비하는 가장 기초적인 방법입니다. 2018년 8월 국민연금 1인당 평균 수령액은 524,189원이었고, 20년 이상 가입자의 월평균 수령액은 924,896원이었습니다. 국민연금으로 노후의 빈곤은 막을 수 있지만 여유로운 노후 생활을 하기에는 부족해 보입니다. 이런 부족한 점을 메우기 위해 근로자들을 위한 '퇴직연금' 제도가 도입되었습니다.

그전까지만 해도 기업들은 사내 유보금으로 퇴직금을 지급했기 때문에 기업이 도산할 경우에는 퇴직금을 받지 못하는 경우가 있었습니다. 그 때문에 2005년 12월부터 근로자의 소득 일부를 금융기관에 적립해놓고 퇴직할 때 일시금 또는 연금으로 수령할 수 있는

'퇴직연금' 제도를 도입하여 시행하고 있습니다. 지금은 회사 또는 개인의 선택에 따라 가입하고 있지만 2022년까지는 전면 의무화되어 모든 기업이 가입하게 됩니다.

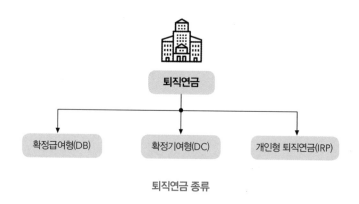

퇴직연금 종류

퇴직연금 3총사

퇴직연금은 크게 DB_{Defined Benefits}형, DC_{Defined Contributions}형, 개인형 퇴직연금_{IRP}형이 있습니다. 이들의 차이는 퇴직금의 운용 주체에 있습니다. DB형은 기업이 노동자의 퇴직급여를 운용합니다. 노동자가 퇴직할 때 법정 퇴직급여(직전 3개월 평균임금×근속연수)를 지급하는 것입니다. 따라서 노동자에게는 기존의 퇴직금과 큰 차이가 없습니다.

퇴직연금을 운용한 결과 수익이 나면 회사에 귀속되고 손실이 나도 기업이 책임집니다. 그래서 DB형에 가입한 기업들은 '실적 배당형'보다 '원금 보장형'을 선호할 수밖에 없습니다. 이러면 원금은 보장되지만, 수익률은 낮아지게 됩니다. 퇴직금을 받는 사람 입장에서는 불만이 생길 수 있는 부분입니다.

반대로 DC형의 운용 주체는 노동자입니다. 기업은 직원의 재직 기간 중 매년 임금 총액의 12분의 1 이상을 연·분기·월 단위로 노동자의 DC 계좌에 별도로 지급합니다. 노동자는 받은 퇴직급여를 운용해 투자 수익을 얻는 것이 가능하고 손실이 나더라도 노동자의 책임으로 귀속됩니다. 물론 DC 계좌에 입금된 퇴직급여를 노동자가 중간에 마음대로 꺼내 쓰지 못하게 되어 있습니다.

마지막으로 2012년에 도입된 IRP형이 있습니다. DC형이든 DB형이든 퇴직 후 퇴직연금을 받기 위해서는 수령에 필요한 개인 계좌가 있어야 합니다. 이것이 바로 IRP입니다. 연간 최대 700만 원까지 세액공제 혜택을 받으며 연간 1,200만 원까지 추가로 납부할 수도 있습니다. DC형과 마찬가지로 수익과 손실에 대한 책임은 노동자의 몫입니다.

윈윈 퇴직연금 제도

과거에 퇴직금을 중간 정산해서 그 돈으로 창업했다가 날리거나, 회사가 망하는 바람에 퇴직금을 받지 못하는 문제 등으로 경제적 어려움을 겪는 사람들이 많았습니다. 정부는 이런 부작용을 해결하기 위해 2005년부터 사용자인 기업이 퇴직금을 금융기관에 맡겨 운용하게 했습니다. 직원들이 퇴직한 후 연금 형태로 안전하게 돌려받아 편안한 노후를 설계할 수 있게끔 제도화한 것입니다.

기업으로서는 퇴직연금 제도를 통해 부채를 낮추고 지급한 금액으로 법인세 절감까지 할 수 있습니다. 기업 입장에서 퇴직금은 직원들에게 지급해야 할 '부채'입니다. 직원이 많은 대기업은 부채 규모가 실제보다 많아 보이는 부작용이 생길 수 있습니다. 퇴직연금 제도를 통해 지급해야 할 금액을 외부 기관에 적립해 놓으면 기업의 부담을 덜 수 있습니다.

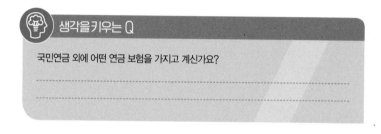

생각을 키우는 Q

국민연금 외에 어떤 연금 보험을 가지고 계신가요?

09

개인연금의
허와 실

#연금저축과 연금보험 #연금과 세액공제
#사업비는 뭐야?

국민연금과 퇴직연금은 개인의 의사와 상관없이 국가와 기업에 의해서 강제로 가입을 당하는 경우이지만 개인연금은 아닙니다. 개인연금은 말 그대로 생명보험사나 은행 등에서 판매하는 연금 상품에 개인이 가입하는 것입니다. 지급 방식은 은퇴 후 일정 나이가 되면 연금처럼 매월 받을 수 있거나 일시에 수령할 수 있습니다.

연금저축(보험)과 연금보험

개인연금 상품에는 크게 연금저축과 연금보험 두 가지가 있습니다. 둘의 큰 차이는 연말정산 혜택에 있습니다. 매년 연말정산 시 세액공제를 받고, 연금을 받을 때 세금을 내는 상품은 연금저축(보험)입니다. 반대로 연말정산 시 세액공제 혜택이 없고, 연금을 받을 때 세금도 내지 않는 상품은 연금보험입니다.

연금저축(보험)은 납입한 보험료 중 연 400만 원 한도 내에서 세액공제 혜택을 받을 수 있습니다. 지방소득세를 포함해 400만 원의 13.2~16.5%, 연 최대 66만 원의 세액공제를 받을 수 있습니다. 하지만 연금을 받을 때는 5.5~3.3%(나이가 들수록 감소)의 소득세가 부과됩니다. 보험료 5년 이상 납입, 만 55세 이후 10년 이상 연금으로 받는 조건으로 가입해야 세액공제를 받을 수 있습니다.

반면 연금보험은 연금을 받을 때 소득세를 내지 않고 이자에 대해서도 비과세 혜택을 받을 수 있는 상품입니다. 연말정산에 세액공제 혜택은 없지만, 연금을 받을 때 세금을 내지 않고 받을 수 있는 장

연금저축과 연금보험의 세금

	연금저축(보험)	연금보험
세액공제	1년 보험료의 13.2~16.5%	없음
연금 수령 시 세금 유무	연금 받을 때 5.5~3.3%	없음

점이 있습니다. 보험료 5년 이상 납입, 연금을 받기 전까지 계약을 10년 이상 유지해야 비과세 혜택을 받을 수 있습니다.

연금저축의 허와 실

하지만 은행이나 보험회사의 화려한 마케팅만 보고 상품에 덜컥 가입해서는 안 됩니다. 반드시 상품을 꼼꼼히 살펴보고 나에게 필요한지 살펴서 가입해야 합니다. 개인연금을 10년 이상 유지할 가능성이 작다면 정기적금을 드는 것이 훨씬 좋습니다. 연금보험은 물가상승률 때문에 고수익을 얻기가 사실상 어렵습니다. 물가상승률 정도의 수익률이 나오면 괜찮다고 보면 됩니다. 요즘처럼 저금리가 이어지고 있는 상황에서 복리의 마법 효과는 미미합니다. 또한 금융회사에서 떼어가는 사업비까지 고려하면 수익률은 더욱 줄어듭니다. 해지 직전까지 낸 보험료의 사업비와 미래에 발생할 사업비 일부까지 받아내기 때문입니다.

대부분의 금융회사는 가입자의 손해를 막기 위해 모든 부담을 짊어지는 것처럼 말합니다. 하지만 금융회사가 손실의 위험을 무릅쓰고 상품을 팔지는 않습니다. 고객으로부터 받은 최고 30%의 사업비는 저금리로 인해 발생하는 금융회사의 손실을 메우기에 충분합니다. 결국 금융회사의 손실을 고객의 돈으로 처리하는 경우가 생길 수 있습니다.

투자 손실로 원금을 까먹는 일이 생기더라도 원금을 채워준다고 말하지만 여기서 말하는 원금 보장은 아무 때나 돈을 찾아도 원금을 돌려준다는 의미가 아닙니다. 연금 개시 시점에 납입원금에 못 미칠 경우 이를 채워준다는 의미입니다. 중도 해지하면 원금 보장과 상관없이 납부했던 원금을 찾지 못할 수도 있습니다.

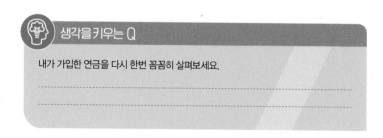

생각을 키우는 Q

내가 가입한 연금을 다시 한번 꼼꼼히 살펴보세요.

금융가를 주름 잡는
'골드만삭스' 군단

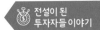

금융계의 사관학교, 골드만삭스

골드만삭스는 1869년 독일계 유대인 마커스 골드만_{Marcus Goldman} 이 미국 뉴욕에 설립한 곳으로, 현재 글로벌 자본시장에서 활동하는 종합금융회사입니다. 골드만삭스는 미국 50대 경영대학원_{MBA} 출신이 가장 가고 싶어 하는 직장입니다. 그래서 이곳에 입사하기가 하늘의 별 따기만큼이나 어렵다고 합니다. 일단 지원서를 내면 약 20~30명과 인터뷰를 해야 합니다.

경력사원의 경우에도 자신의 전공 분야 상급자와 그 위 상급자들을 차례로 만나야 하며, 일할 지역의 책임자들과도 인터뷰 해야 합니다. 수십 번의 면접뿐만 아니라 상황적응 능력, 팀워크 능력, 순발력, 창의력 등도 평가합니다. 철저한 검증을 통해 선발된 최고의 인재만 골드만삭

골드만삭스 창립자 마커스 골드만

스의 일원으로 받아들입니다.

그래서 골드만삭스 출신 인재들은 중요한 요직에 오르는 일이 많습니다. 미국 전 재무장관인 헨리 폴슨도 골드만삭스 CEO 출신입니다. 클린턴 행정부 시절 로버트 루빈 전 재무장관도 골드만삭스 CEO 출신입니다. 조슈아 볼턴 백악관 비서실장, 로버트 졸릭 세계은행 총재, 스티븐 프리드먼 국가경제자문위원회 의장 등도 골드만삭스가 배출한 인재들입니다.

1991년 당시 파이낸셜 월드가 발표하는 '월가에서 가장 영향력 있는 100인' 가운데 골드만삭스 파트너들은 1~3위 자리를 비롯해 무려 40인이 리스트에 이름을 올릴 정도였습니다.[6] 재미있는 것은 골드만삭스 출신 인재들은 미국의 공화·민주 등 당을 가리지 않고 등용됩니다.

골드만삭스는 강한 결속력을 가진 엘리트 문화를 가지고 있습니다. 1999년 주식 시장에 상장하였음에도 '파트너십' 구조를 유지했습니다. 파트너가 되기 위해 9년에서 길게는 12년에 걸쳐 다방면의 평가를 받습니다. 전 세계 3만 2,000여 명의 직원 가운데 300여 명만 '파트너'가 되어 최고의 대우를 받습니다.

또한 골드만삭스는 파트너들이 막대한 부를 축적한 뒤에는 회사를 떠나도록 하는 전통이 있습니다. 회사를 떠난 인재들은 다른 회사로 이직하거나 업종을 옮겨 정상의 자리에 오릅니다. 이들은 회사를 떠나도 서로 밀어주고 끌어줍니다. 덕분에 미국 내에서 가장 강력한 정·관계 네트워크를 자랑합니다.

골드만삭스의 성장

미국 투자은행 골드만삭스는 1869년 독일 출신 유태인 마커스 골드만(1821~1904)이 차린 어음할인 가게에서 출발했습니다. 이후 1882년 사위인 샘 삭스Samuel Sachs(1851~1935)가 참여하면서 회사 이름을 '골드만삭스'로 변경했습니다. 이후 마커스 골드만의 아들 헨리 골드만Henry Goleman이 사업에 참여하면서 본격적인 투자은행 업무를 시작했습니다.

설립 이후 승승장구하던 골드만삭스는 기업의 수익을 바탕으로 1928년 12월에 골드만삭스 트레이딩이라는 투자신탁회사를 설립했습니다. 하지만 1929년 10월 대공황이 시작되면서 골드만삭스 트레이딩 주가는 326달러에서 1.75달러까지 폭락했습니다. 결국 엄청난 손실을 입은 골드만삭스 트레이딩은 청산 절차를 밟게 되었고 이후 50년 동안 자산운용 시장에 진출하지 못했습니다.

이런 위기를 해결한 사람이 바로 시드니 웨인버그Sidney Weinberg (1891~1969)였습니다. 주급 3달러의 청소부로 입사해 골드만삭스의 CEO가 된 웨인버그는 '골드만삭스의 아버지'라 불리고 있습니다. 그는 기업어음 사업부에서 일한 경험을 살려 골드만삭스를 미국 시장 최고의 거래 기업으로 육성시켰습니다.

그는 2차 세계대전 당시 루즈벨트 대통령의 백악관 특별위원회 멤버였습니다. 전쟁이 끝난 후에는 트루먼 대통령의 백악관 자문위원을 역임했습니다. 이를 통해 워싱턴 정가와 골드만삭스를 연결하는 다리 역할을 했습니다. 덕분에 당시 월가에서는 골드만삭스보다 시드니 웨인버그란 이름이 더욱 유명할 정도였다고 합니다.

6

부동산 부자를
꿈꾸는 당신에게

주거와 투자,
두 마리 토끼를 잡자

#10년 주기설 #급등과 폭락의 역사 #저점은 언제?

부동산을 구매하는 첫 번째 목적은 '주거'를 위한 것입니다. 하지만 우리나라 사람들은 부동산을 본래 목적인 '주거'보다 '투자' 대상으로 보는 경향이 더욱 강합니다. 그래서 주거를 위한 부동산 매수를 생각할 때도 향후 부동산 가격의 향방에 촉각을 곤두세웁니다. 시장의 흐름을 공부하고 적절한 시기에 부동산을 매수한다면 '주거'와 '투자'라는 두 마리 토끼를 잡을 수 있기 때문입니다.

'주거'와 '투자' 모두 잡고 싶다면 먼저 부동산 시장의 흐름을 읽어야 합니다. 그리고 적절한 시기가 올 때까지 인내하고 기다릴 줄도 알아야 합니다. 우리나라 부동산은 전반적으로는 상승했지만, 항상 상승하기만 한 것은 아닙니다. 확장, 수축, 침체, 회복을 거치면서 활황

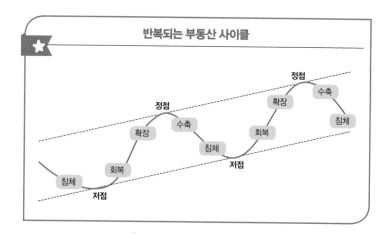

반복되는 부동산 사이클

과 침체를 반복해왔습니다. 이 기간이 보통 10년을 사이에 두고 일어나서 부동산 시장에는 '10년 주기설'이라는 말이 있습니다.

10년 주기설은 사실?

부동산 시장을 대표하는 아파트의 경우 공급 결정부터 입주까지 걸리는 기간이 약 5년이 넘습니다. 건설사들은 부동산 상승 국면의 초입부터 아파트 공급에 나서기 시작합니다. 공급량이 늘어나면 어느 시점부터 미분양이 점점 쌓이기 시작합니다. 이로 인해 어려움에 처한 건설사들이 무너지면 공급이 줄어들거나 아예 중단됩니다.

이때 정부는 건설 경기를 살리기 위해 부양책을 쓰기 시작합니다. 건설 경기도 살리고 부동산 상승을 통해 자산이 늘어난 가계의 소비를 늘릴 수 있기 때문입니다. 줄어든 공급과 정부의 지원으로 부동산 가격이 회복하면 상승기에 접어듭니다. 이런 과정이 반복되는 기간이 약 10년 정도입니다. 어떻게 보면 부동산 시장에서 10년 주기설은 공급과 수요가 서로 균형을 맞춰 가는 과정입니다.

1998년 외환위기 이전까지 상승한 집값은 경제위기 여파로 폭락했습니다. 이때 청구, 우방, 건영 등 굴지의 건설사들이 줄줄이 무너졌습니다. 부동산 경기가 하락하자 정부는 경기부양책으로 부동산 규제를 대폭 풀었습니다. 시간이 지나 2003~2006년 강남을 시작으로 재건축 열풍이 불었고 신도시 및 노후지역 재개발 이슈로 이어지며 전국 부동산 시장이 들썩였습니다.

하지만 공급과잉과 경기 경색이 맞물리면서 부동산 시장이 최고점에 달했고, 2008년 글로벌 금융위기가 터지자 많은 건설사가 구조조정에 들어갔습니다. 2013년까지 건설사들이 부실에 빠지면서 공급량도 줄었습니다. 이후 금리 인하, 대출 완화 등을 내세운 정책 효과로 2014년부터는 다시 가파르게 상승했습니다.

그렇다면 언제?

시시때때로 변하는 부동산 시장의 흐름에서 과연 '주거'와 '투자'라는 두 마리 토끼를 잡을 수 있을까요? 당연히 저점에서 회복하는 시기에 주택을 매수해야 합니다. 그렇다면 지금이 저점을 지나고 있는지 어떻게 판단할 수 있을까요? 저점을 지나 회복기로 진입하는 과정에 나타나는 특징은 '전세가' 상승입니다.

침체기 동안 건설사들은 신규 물량을 만들지 않고, 실수요자들과 투자자들은 주택 구매를 망설입니다. 따라서 시중에 전세 물건이 자동으로 감소합니다. 이와 반대로 결혼이나 독립을 통해서 수요는 꾸준히 증가합니다. 전셋값이 상승하면 매매 가격도 같이 상승하기 시작합니다. 이때 정부는 부동산 시장의 빠른 회복을 위해 각종 규제를 완화합니다. 분양을 받아서 다른 사람에게 되팔 수 있는 '전매 제한'을 완화하고 대출 기준을 낮추는 등 다양한 정책을 시행합니다.

하지만 일반 투자자들은 저점과 회복기에 선뜻 시장에 들어가기 어렵습니다. 저점을 통과하는 기간에 일반 투자자들의 매수 심리는 매우 부정적이기 때문입니다. 하지만 반대로 고점에서는 더 상승하기 전에 급하게 매수하는 우를 범하기도 합니다. 저점과 고점을 알 수 있는 다양한 신호는 뒤에서 자세히 다루도록 하겠습니다.

가장 중요한 것은 '부동산은 무조건 오른다'라는 생각을 버리는 것입니다. 전체적인 흐름을 본다면 맞는 말입니다. 하지만 고점에 매수해서 별로 이득을 보지 못하고 판다면 결국에는 손해입니다. 다시 상승하는 동안 돈이 묶여 있기 때문입니다. 또한 급하게 목돈이 필요해서 손해를 보고 팔았다면 나중에 다시 상승했을 때 땅을 치고 후회할 수 있습니다. 그러므로 부동산에도 큰 흐름이 있다는 것을 생각하고 전략을 짜야 합니다.

02

부동산 급등과 급락의 이유

#부동산은 투기성 재화다 #공급과 수요의 불일치
#유가와 부동산

부동산이 이때쯤 고점이라고 생각했는데 더 상승합니다. 반대로 이때쯤 저점이라고 생각했는데 더 떨어지기도 합니다. 보통 부동산 상승과 하락은 일반 투자자들의 예상을 넘어서 움직입니다. 이 때문에 고점에서 더욱 상승하는 모습에 조급한 마음이 생기고 저점에서 더 떨어지면 공포심이 생깁니다. 단순히 시장에서 변화되는 가격만 생각한다면 저점과 고점을 알기 어렵습니다.

부동산이 투기성 재화의 성격을 갖고 있다는 것을 먼저 파악해야합니다. 우리가 사용하는 자동차, 스마트폰, TV는 투자가 아닌 실사용 목적의 재화에 가깝습니다. 부동산은 거주가 목적이지만 투자의 목적도 있습니다. 즉 가격 변동 요인에 실수요 플러스 알파가 존재하는 것입니다. '수요'의 변동이 크기 때문에 가격의 변동 역시 굉장히 큰 것입니다.

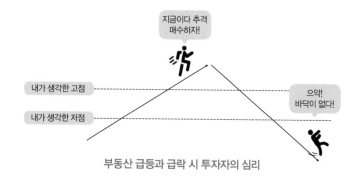

부동산 급등과 급락 시 투자자의 심리

투기성 재화, '부동산'

투자 수요 때문에 부동산 시장에서는 재미있는 일이 벌어집니다. 설명을 위해 자동차와 비교하겠습니다. 자동차의 가격이 상승하면 사람들은 관심을 보이지 않습니다. 하지만 부동산 가격이 상승하면 사람들은 매수에 '관심'을 보입니다. 이때 이미 매수한 사람들은 더 높은 가격에 팔기 위해 매물을 거둬들입니다. 시장에 물량이 줄어들어서 가격은 더 상승하게 됩니다. 급해진 매수자들이 더 높은 가격을 부르면서 부동산 시장은 과열 양상을 보입니다.

반대로 가격이 하락할 때 역시 재미있는 일이 벌어집니다. 자동차의 가격이 하락하면 사람들은 관심을 보입니다. 하지만 부동산 가격이 하락하면 사람들은 관심을 보이지 않습니다. 마음이 급해진 매도자들이 가격을 낮추기 시작합니다. 하지만 매수자들은 더욱 낮은 가격으로 사기 위해 기다리거나 매수자와 홍정을 합니다. 물량이 쌓이고 해소되지 않으면 가격은 더 하락합니다. 급매나 경매가 늘어나면서 손해를 덜 보기 위해 투매 현상이 나타납니다.

부동산의 공급 특성은 가격의 상승과 하락을 더욱 부추깁니다. 자동차는 주문하면 금방 받을 수 있습니다. 하지만 부동산은 계약금을 내고 준공이 되는 동안 잔금을 내는 과정을 거칩니다. 공급이 단기간에 쉽게 늘어나지 않습니다. 수요는 빠르게 변하지만 공급은 느리게 변합니다. 공급이 수요를 따라가지 못하면 가격은 쉽게 상승합니다.

반대로 충분한 공급이 시작되어 수요가 하락하면 가격이 급락하기 시작합니다. 부동산을 매수하고 싶어도 가격이 너무 비싸거나 경제가 어려워 소득이 줄어들면 매수를 포기할 수 있습니다. 건설사들은 주택을 많이 만들었지만 팔지 못해 미분양이 늘어납니다. 팔리지 않는다고 자동차처럼 해외에 수출할 수도 없습니다. 어려워진 건설사들은 자금을 확보하기 위해 '할인 분양'을 하기 시작합니다. 공급된 물량이 소화될 때까지 가격은 하락합니다.

부동산 가격을 좌우하는 '유가'

부동산 역시 '원가'에 영향을 받습니다. 원가 상승은 당연히 부동산 가격의 상승으로 이어지기 쉽습니다. 가장 영향을 많이 받는 것은 석유의 가격입니다. 국제 유가가 상승하면 아스팔트, 폴리염화비닐PVC 마감재, 새시 등 원유 부산물로 만들어지는 건설자재 비용이 상승합니다. 또한 레미콘, 덤프트럭, 굴착기, 타워크레인 등 중장비 운용 비용도 증가합니다. 결국 공사원가가 급등하면서 건설사들은 가격을 올리게 됩니다.

국제 유가는 천천히 상승하지 않습니다. 1~2달 사이에 가격이 급격하게 상승하는 경우가 빈번합니다. 하루에 3~4%가 폭등하고 순식간에 100달러를 돌파하기도 합니다. 석유 가격이 급등하면 건설사뿐만 아니라 경제 전체가 어려움에 부닥칩니다. 원가가 상승하고 경제도 나빠지면 건설사들이 무너져 물량이 쏟아지거나 공급이 중단될 수 있습니다. 그런 일이 벌어지면 부동산 시장에 단기간에 매우 강한 충격을 줄 수 있습니다.

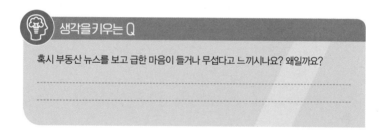

생각을 키우는 Q

혹시 부동산 뉴스를 보고 급한 마음이 들거나 무섭다고 느끼시나요? 왜일까요?

03

부동산 시장의 심판 '정부'

#심판 사용설명서 #고점과 저점 #정부 vs 시장

운동 경기에서 심판의 역할은 매우 중요합니다. 축구를 예로 들면 팽팽한 경기의 흐름에서 심판이 패널티 킥이나 퇴장 명령을 내리면 경기의 결과까지 바꿀 수 있습니다. 부동산 가격 역시 마찬가지입니다. 적절한 시기에 내린 정부 정책은 부동산 시장의 흐름을 바꿀 수 있습니다. 긍정적인 효과를 불러올 수도 있지만 반대로 역효과를 불러오기도 합니다. 그렇다면 정부의 어떤 정책이 시장에 영향을 줄까요?

정부는 부동산 시장에 금리, 세금, 대출 등을 통해서 영향을 줄 수 있습니다. 그동안 정부는 부동산 시장이 과열되면 열기를 식히고, 시장이 침체하면 부양해 왔습니다. 즉 정부 정책은 현재 부동산 시장의 방향을 알려주고, 앞으로의 방향도 알려줍니다. 정부에서 발표하는 정보는 누구나 조회할 수 있다는 것도 장점입니다. 양질의 정보를 쉽게 얻을 수 있으니 부동산 시장을 판단할 때 반드시 참고해야 합니다.

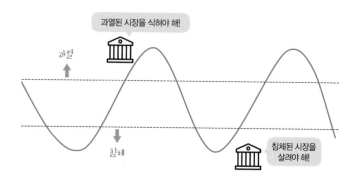

부동산 시장 상황에 따른 정부의 대처 방법

심판 사용설명서

정부는 부동산 시장의 과열을 반기지 않습니다. 정부 입장에서 '불로소득'은 오른쪽 주머니에서 돈을 꺼내 왼쪽으로 옮기는 것과 같습니다. 국가의 부가 증가하거나 세금 수입에 큰 도움이 되지 않습니다. 생산적인 일을 통해 내수와 수출이 증가해야 정부의 세수를 늘리는 데 도움이 됩니다. 그러므로 정부는 부동산 시장이 과열되면 안정시키려고 노력합니다.

정부는 부동산 시장에서 다양한 카드를 활용해 시장을 안정화할 수 있습니다. 단기적으로 금리를 높이고 대출을 규제하는 것이 대표적입니다. 시장에 흘러 들어가는 자금을 막아 투자를 어렵게 만듭니다. 급등으로 과열된 지역은 투기지역으로 지정해서 매매를 어렵게 만들 수 있습니다. 또한 부동산 보유세와 양도세 같은 세금을 높여 투기를 근절하려 할 것입니다.

시장에 규제가 늘어나는 것은 부동산 시장이 고점으로 가고 있다는 증거입니다. 많은 사람들이 이익을 보기 위해 달려들었고 남아 있는 몫이 적다는 방증입니다. 이때는 흔들리지 않고 '인내'할 수 있는 냉정함이 필요합니다. 부동산이 존재하는 동안 반드시 새로운 기회가 찾아오기 때문입니다.

반대로 정부는 부동산 시장의 침체도 반기지 않습니다. 건설 경기가 어려워지면 건설사가 어려워지고 건설 노동자들 역시 어려움에 부닥칩니다. 부동산 가격 폭락으로 주택을 구매한 선량한 시민까지 피해를 볼 수 있습니다. 그래서 정부는 부동산 경기를 살리려 할 것입니다. 그래서 그동안 시행된 부동산 시장 규제를 차례대로 풀 것입니다.

시장에 규제가 줄어든다는 것은 부동산 시장이 저점을 지나가고 있다는 증거입니다. 아직 사람들이 관심이 없는 상태이기 때문에 남아 있는 몫이 비교적 많을 것입니다. 이때는 가치를 볼 수 있는 '통찰력'과 실행에 옮길 수 있는 '용기'가 필요합니다. 시장이 상승세로 돌아선다면 그때는 수익을 즐기면 됩니다.

정부 vs 시장

많은 사람이 '정부가 시장을 이길 수 있을까?'라고 의심할 수도 있습니다. 실제로 정부 정책이 효과를 당장 보이지 않는 경우도 있습니다. 고점에서 더욱 상승하거나 저점에서 더욱 하락할 수도 있습니다. 1997년 외환위기, 2008년 금융위기, 유가의 등락, 미국의 금리 등 외부적인 요인도 크게 작용했을 가능성이 큽니다.

한 가지 확실한 것은 부동산 시장에서 정부의 역할은 '심판'이라는 것입니다. 심판을 나의 편으로 만들 수는 없지만, 심판을 적으로 돌려서도 안 됩니다. 정부(심판)를 잘 살펴서 좋은 기회를 얻을 수 있다면 그것으로 충분합니다.

생각을 키우는 Q

현재 정부의 정책은 부동산을 어떻게 바라보고 있나요?

04

부동산의 심장 'PF'

#PF는 무엇? #PF는 모두의 해피엔딩?
#PF의 어두운 그림자

대규모의 부동산을 건설하기 위해서는 개인이나 기업이 홀로 감당하기 어려운 큰 금액이 필요합니다. 그래서 여러 은행과 기업이 함께 주택을 건설하는 데 참여합니다. 조달 자본의 규모가 커지고 참여하는 주체가 많아져 자연적으로 부동산과 금융이 연결됩니다. 이때 여러 이해관계자를 서로 연결해주는 것이 바로 '프로젝트 파이낸싱PF, Project Financing'입니다. PF를 통한 연결 고리를 이해한다면 금융시장과 부동산 시장의 흐름을 폭넓게 바라볼 수 있습니다.

사실 PF는 미국의 유전 개발에서 본격적으로 활용되기 시작했습니다. 미국의 석유 및 에너지 산업은 PF를 통해 성공했다고 볼 수 있습니다. 우리나라는 '사회간접자본시설에 대한 민간투자법'에 따라

인프라에 대한 PF를 허가하고 있습니다. 도로, 공항, 항만 등 사회간 접자본이나 플랜트 건설, 석유 탐사 및 개발 등 대규모 사업의 자금 조달 방법으로 활용됐습니다. 하지만 최근에는 부동산개발 사업, 영화 제작 등 영역이 확장되었습니다.

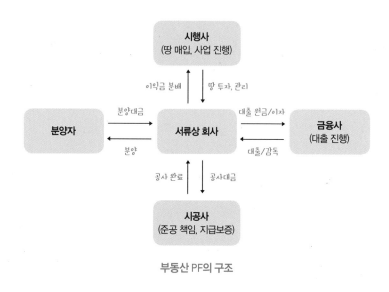

부동산 PF의 구조

PF는 모두의 해피엔딩?

PF는 부동산 전망은 좋지만, 사업을 추진할 기업이 돈이 부족할 때 유용합니다. 외환위기를 극복하고 경기가 정상으로 돌아오자 아파트를 짓기 위해 PF가 많이 사용되었습니다. 아파트를 사려는 사람은 많은데 공급이 부족해서 가격이 상승했습니다. 아파트를 짓기만

하면 사려는 사람이 줄을 서서 수익이 확실히 보장되었습니다.

보통 규모가 큰 건설 공사를 할 때는 공사를 계획하고 진행하는 시행사와 실제 공사를 하는 시공사로 나눠져서 진행됩니다. 시행사는 땅 주인이나 개발 사업 아이디어만 가진 조그마한 회사인 경우가 많습니다. 그래서 금융회사에서 돈을 빌리기가 쉽지 않습니다.

이때 PF를 이용하면 시행사가 서류상 회사를 만들어서 땅에 투자하고 은행은 여기에 돈을 빌려줍니다. 건설회사는 공사를 끝까지 책임지겠다는 보장을 합니다. 나중에 문제가 생기면 돈도 대신 갚겠다는 보증까지 합니다. 금융회사로서는 분양만 되면 대출금과 이자 수익이 생깁니다. 또한 아파트 입주자에게 담보대출로 수익까지 올릴 수 있습니다. 정말 땅 짚고 헤엄치기입니다.

아파트가 생겨나고 사람들이 입주하기 시작합니다. 시장의 수요를 PF를 통해서 해결했습니다. 시행사, 건설사, 금융회사 모두 웃으면서 사업이 마무리됩니다. 이런 방식으로 부동산에 자금이 유입되니 입주한 사람들의 부동산 가격 역시 상승합니다. 모두가 PF를 통해서 혜택과 이익을 누리면서 이야기가 끝나는 것처럼 보입니다.

PF의 어두운 그림자

PF가 해피엔딩이 되기 위해서는 부동산 가격이 꾸준히 상승해야 합니다. 부동산 가격이 중간에 폭락한다면 모두가 불행해집니다. 대표적인 사례가 저축은행 부도 사태입니다. 저축은행의 수익원이던 부동산 PF가 글로벌 금융위기와 부동산 경기침체를 거치며 부실해졌습니다. 결국 2011년 이후 저축은행 31곳이 파산했습니다. 수많은 개인 투자자가 피 같은 돈을 잃었고 공적자금도 27조 원이나 투입되었지만, 아직도 약 14조 원을 회수하지 못하고 있습니다.

또한 부동산 경기가 나빠져 분양이 안 되면 시행사는 돈을 갚을 수 없습니다. 이때 모든 책임은 보증을 선 건설사들이 지게 됩니다. 하지만 대형 건설사 몇 곳을 제외하면 대부분의 건설사는 혼자서 부담을 질 능력이 없습니다. 중소 건설사들은 돈을 마련하지 못하면 역시 문을 닫을 수밖에 없습니다.

부동산 시장에서 PF는 분명 자금을 공급해주는 좋은 금융기법입니다. 하지만 부동산이 상승하지 않으면 PF는 오히려 독이 될 수 있습니다. 마치 자전거 바퀴를 밟지 않으면 쓰러지는 것과 비슷합니다. 일반 투자자는 PF를 부동산 시장에 자금이 들어오는 '속도'의 관점에서 지켜봐야 합니다. 속도가 원활하면 부동산 시장은 추가 상승할 것입니다. 반대로 자금이 멈추면 부동산 시장과 금융시장은 어려움에 부닥칠 것입니다. PF는 부동산에 자금이라는 피를 공급하는 심장이기 때문입니다.

💡 생각을 키우는 Q

현재 부동산 PF 금액이 얼마인지 한번 검색해보세요.

05

정확한 시세는 여기에!

#실거래가 공개시스템 #현장의 소리 KB 시세
#역시 발품을 팔아야 해

부동산에 관심이 있거나 현재 살고 있는 아파트 시세가 궁금할 때가 있습니다. 뉴스에서 전국적으로 집값이 상승하거나 혹은 하락한다는 이야기가 나오거나, 전세 구하기 힘들다는 말이 나오면 덜컥 겁도 납니다. 지금 사는 전세나 월세를 어떻게 해야 할지 고민이 됩니다. 언젠가 부동산을 매수할 생각이지만 시세가 의심스러워 쉽게 결정하지 못할 수 있습니다. 이때는 관심 부동산의 현재 시세나 과거의 매매 이력을 참고하시면 많은 도움이 됩니다.

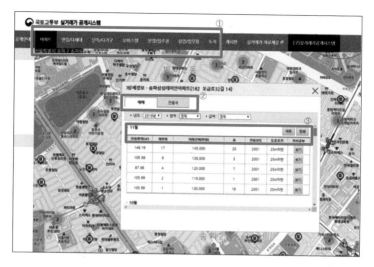

국토교통부 실거래가 공개시스템

실거래가 공개시스템

부동산 실거래가 정보를 가장 신뢰할 수 있는 곳은 '국토교통부의 실거래가 공개시스템(http://rt.molit.go.kr)'입니다. 2006년 1월부터 부동산 및 주택 거래 신고를 한 경우 모두 그 가격이 공개되고 있습니다. 홈페이지 화면 상단 ①에 아파트, 연립/다세대, 단독/다가구, 오피스텔, 분양/입주권, 상업 및 업무용 토지가 모두 공개되고 있습니다. 원하는 정보를 클릭하고 지도에서 원하는 지역을 클릭하면 '상세 정보'가 나옵니다.

화면에서 ②상세 정보를 보면 매매뿐 아니라 전·월세 가격 또한 공개되어 있습니다. 읍, 면, 동 주민센터나 일부 정보 공개가 가능한 대법원 등기소의 확정일자 자료를 대상으로 한 정보입니다. 과거 거래 명세를 ③을 통해서 자세히 확인할 수 있습니다. 거래된 가격, 전용면적, 계약일, 층, 건축연도 모두 조회할 수 있습니다. 그림에서는 11월 거래를 마지막으로 아직 거래가 없습니다.

이런 자료들은 누구나 국토교통부 홈페이지 또는 스마트폰 앱을 통해 쉽게 이용할 수 있습니다. 인터넷이 가능한 컴퓨터의 검색창에 '국토부 실거래가' 조회를 입력하면 해당 공개시스템이 가장 먼저 검색됩니다.

현장의 소리, KB 시세

국토교통부 실거래가 정보 자료의 기준은 '신고'입니다. 신고가 늦어지거나 빠질 수 있어서 현장의 빠른 움직임을 전부 반영하지 못할 수 있습니다. 하지만 KB 시세(https://onland.kbstar.com)는 일선 중개업소가 바로바로 입력하기 때문에 생생한 현장의 변화를 가장 빠르게 반영할 수 있는 자료입니다. 그래서 부동산 대출은 KB 시세를 기준으로 정해집니다.

이 사이트에서 단순히 부동산 시세만 조회할 수 있는 것은 아닙니다. 전문가 칼럼과 부동산 뉴스, 부동산 경매, 각종 통계자료, 월간/주간 주택 가격 동향이 빠르게 업데이트됩니다. 하지만 현장 가격이 공인중개사의 주관에 따라 결정되는 것이 단점입니다.

주민 눈치를 보면서 시세를 입력하는 중개업소도 있습니다. 인터넷 카페에 "시세 조사를 맡은 공인중개사에게 압력을 넣자"라는 주장이 올라오기도 합니다. 또한 매물과 손님이 적은 지역은 관심이 적어서 공인중개사가 시세 변동을 몇 개월째 입력하지 않는 경우도 많습니다.

역시 발품을 팔아야 해

국토교통부와 KB 시세 모두 장단점이 존재합니다. 따라서 인터넷 정보를 통해서는 기본적인 시세와 흐름만 파악해야 합니다. 부동산 중개업소에 전화하거나 직접 방문하여 게시된 매물의 정확한 시세를 확인해야 합니다. 중개업소를 통해 사전에 파악한 내용이 정확한지 판단하고 자신에게 맞는 매물을 찾아야 합니다.

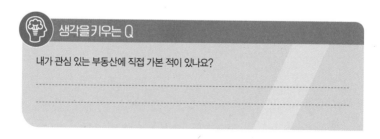

생각을 키우는 Q

내가 관심 있는 부동산에 직접 가본 적이 있나요?

06

부동산 투자,
기본이 반이다

#다양한 면적 #공급면적은 무엇?
#가성비를 결정하는 전용률

새 아파트를 분양받기 위해서는 모델하우스에 방문하거나 광고를 통해서 정보를 얻습니다. 이때 등장하는 것이 평형이니 전용면적이니 하는 넓이를 표시하는 어려운 용어들입니다. 평생 아파트를 계약할 일이 몇 번 없는 매수자는 이것만 보고도 어렵다고 느낍니다. 판매 수수료에 급급한 전문가들은 이런 점을 악용해 자세한 내용을 설명하지 않고 얼렁뚱땅 넘어가는 사례도 때때로 생깁니다.

판매자 입장에서는 많은 고객 중 한 명일 수 있지만 구매하는 평범한 사람의 입장에서는 일생 중 평생 한 번 있는 일일 수도 있습니다. 기본적인 정보를 잘못 이해하면 수억 원이 넘는 큰 비용을 낭비할 수 있습니다. 이런 일을 사전에 방지하기 위해 기본이 되는 면적

관련 정보를 미리 공부해야 합니다.

다양한 면적

면적에 대해 헷갈려 하는 부분은 바로 제곱미터(m^2)와 평坪입니다. 공식적으로는 미터법을 사용합니다. 하지만 제곱미터(m^2)를 평수로 환산해서 기재하는 곳이 많습니다. 그래서 m^2만 기재한 곳과 비교하려면 복잡하게 느껴지기도 합니다. 먼저 1평은 3.3058로 계산하시면 됩니다. 원래는 3.30578…이지만 반올림을 하여 3.3058로 계산합니다. 1평 = 3.3m^2로 더욱 간단히 표기하기도 합니다.

먼저 '전용면적'은 아파트 등의 공동주택에서 방이나 거실, 주방, 화장실 등을 모두 포함한 면적을 뜻합니다. 현관문을 열면 볼 수 있는 가족들의 전용 생활공간을 말합니다. 단 발코니는 여기서 제외됩니다. 두 번째 '공용면적'은 여러 사람이 함께 사용하는 곳을 뜻합니다. 크게 두 가지로 주거 공용면적과 기타 공용면적이 있습니다. 주거

★ **다양한 면적 구분 요령**

계약 면적(전용면적 + 주거 공용면적 + 기타 공용면적)		
공급면적(전용면적 + 주거 공용면적)		기타 면적 (관리사무소, 주차장, 노인정 등)
	주거 공용면적 (계단, 복도, 엘리베이터 등)	

공용면적은 현관문 밖의 계단이나 복도, 엘리베이터 등을 의미합니다. 기타 공용면적은 지하층, 관리사무소, 노인정, 주민공동시설 등을 의미합니다.

발코니는 서비스 면적이라 부릅니다. 거주자에게 제공하는 일종의 서비스입니다. 최근에는 발코니를 확장해서 거실이나 방의 크기를 늘려 사용공간을 넓히는 사례가 많습니다. 아파트 분양이나 계약 시 이 서비스 면적을 확인해야 합니다. 같은 전용면적이라도 발코니를 확장하면 실사용공간이 더 넓어질 수 있기 때문입니다.

전용면적과 공용면적을 더한 것을 '공급면적(분양면적)'이라고 합니다. 모델 하우스나 분양 사무소에 방문했을 때 자주 듣는 용어이며, 사람들이 이야기하는 아파트의 평수를 나타내는 면적입니다. 예를 들어 34평 아파트는 전용면적 $85m^2$(25평)이고 공용면적 $25 \sim 28m^2$(7.5~8.5평)입니다. 이 둘을 합한 공급면적은 $110 \sim 113m^2$(33~34평)입니다. 아파트 거래 계약서를 작성할 때는 '계약 면적'이 등장합니다. 계약 면적은 위의 공급면적(전용면적 + 주거 공용면적)과 기타 공용면적을 더한 것입니다.

가성비를 결정하는 전용률

전용률이란 공급면적 대비 전용면적이 차지하는 비율(전용면적/분양면적×100)을 말합니다. 전용률이 높으면 나 홀로 쓸 수 있는 공간이 넓은 것뿐만 아니라 분양가가 낮아지는 효과도 있습니다. 전용면적

85m² 아파트가 공용면적의 차이로 인해 A단지는 110m²이고 B단지는 113m²이라고 한다면 A단지가 3m²가 적습니다. 만약 3.3m²가 1,000만원이면 분양가가 900만원 넘게 차이날 수 있습니다. 이처럼 전용률이 높으면 유리하기 때문에 아파트를 분양받을 때 꼼꼼히 따져봐야 합니다.

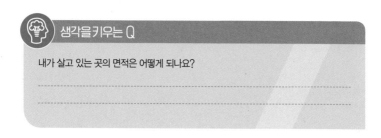

생각을 키우는 Q

내가 살고 있는 곳의 면적은 어떻게 되나요?

07

집값의 온도 '전세가'

#싸다와 저평가는 다르다 #전세가는 투자의 기준
#반등은 언제?

부동산 가격의 상승과 하락은 여러 요소가 합쳐져서 나타나는 결과입니다. 남향과 고층, 주변 학군, 지하철 개통, 아파트 브랜드, 서울 접근성 등 다양한 요소가 있습니다. 하지만 이런 요소들만으로 각자 처한 상황에서 '주거'와 '투자' 두 마리 토끼를 잡기는 어렵습니다. 가격이 단순히 싼 것인지 저평가되어 있는 것인지 판단하기 어렵기 때문입니다. 그러므로 가격을 결정하는 요소들의 가치를 평가하는 기준을 잘 잡아야 합니다. 가장 중요한 기준이 될 수 있는 것은 전세가 비율입니다.

전세가를 통해서는 시장의 온도를 확인할 수 있습니다. 매매는 실거주와 투자 두 가지 수요로 나뉩니다. 하지만 전세는 투자가 아닌 실거주가 목적입니다. 전세 수요가 많다는 것은 사람들의 거주 요건이 좋다는 것을 의미합니다. 언젠가 집값이 상승할 가능성이 매우 큽니다. 전세가와 매매가의 차이가 줄어들면 돈을 더 마련해서 주택을 사려 할 것입니다. 매매 수요가 늘어나면 집값이 상승할 잠재력이 충분하다는 것입니다.

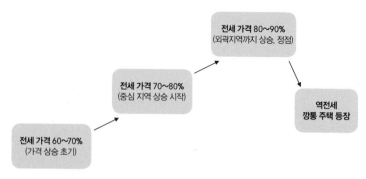

전세가율의 변화에 따른 집값의 온도

집값의 온도, 전세가

정상적인 시장에서 매매가 대비 전세가 비율은 50~60%입니다. 이때는 전세가 비율만으로 앞으로의 집값 향방을 알기 어렵습니다. 전세가 비율이 그리 높지 않아서 매매 가격을 끌어올리기 어렵습니다. 전세가 비율이 60~70%가 되면 준비를 시작해야 합니다. 이때는 전세 수요 부족, 교통 변화, 기업 입주 등 전세 가격이 오르는 배경을 공부하고 준비해야 합니다.

전세 가격이 70~80%가 되면 집값 온도가 본격적으로 타오르기 시작합니다. 이때는 열기가 가장 뜨거운 곳을 찾아야 합니다. 이때는 저평가된 곳을 찾으면 안 되는 시기입니다. 전세가 비율이 높기 때문에 금액 부담이 낮아지기 때문입니다. 개발이 완료된 지역인 지하철, 학교, 병원, 상가, 공원 등 편의시설이 잘 되어 있는 곳을 선택해야 합니다. 좋은 지역은 수요가 몰리기 때문에 가격이 더욱 상승할 여지가 충분합니다.

좋은 지역의 집값이 본격적으로 타오르면 열기가 주변으로 퍼집니다. 가까운 곳에서 먼 곳으로 퍼져 갑니다. 중심에서 주변 단지로 퍼지며 마지막으로 외곽까지 열기가 퍼집니다. 하지만 열기가 꺼질 때는 반대로 꺼집니다. 외곽에서 시작해 주변이 꺼지며 마지막에는 중심지까지 꺼집니다. 즉 중심지에서 가까울수록 매도 적기를 잡기가 쉽습니다. 때문에 전세 가격이 상승하는 시기에는 될 수 있으면 중심지 혹은 중심지와 가까운 곳을 공략해야 합니다.

전세가 비율이 매매가의 80~90%가 되면 집값 온도가 정점을 향해 가고 있다는 증거입니다. 시장이 곧 과열로 진입할 가능성이 큰 시기이며, 전세 가격이 오르기 직전에 투자했던 사람들이 가장 많은 이익을 얻을 수 있는 시점입니다. 돈이 된다는 소식을 듣고 부동산 투자에 관심이 없던 초보들도 관심을 가지기 시작합니다. 이때 저평가 지역을 찾기 위해 중심지보다는 외곽 지역에 투자하곤 합니다.

안타깝게도 이때는 저평가된 지역이 존재하지 않습니다. 투자자가 늘어나면 늘어날수록 가격이 상승하지 않고, 매수자보다 매도자가 많아지면서 역효과가 나타납니다. 외곽지역부터 전세 물량이 소화되지 않고 전세 가격이 하락하기 시작합니다. 사실 먼저 투자한 발빠른 투자자가 자신의 몫을 챙겨 나가면 남아 있는 사람은 받아 갈 몫이 없어지는 것입니다.

반등은 언제?

전세 가격이 하락하고 시장에서 물량이 소화되지 않으면 두 가지 현상이 나타납니다. 첫 번째는 집주인이 세입자를 구하기 어려운 역전세 현상이 벌어집니다. 두 번째로 집을 팔아 세입자에게 전세금을 돌려줄 수 없는 깡통전세가 등장합니다. 이때는 시장에서 물량이 소화될 때까지 기다려야 합니다.

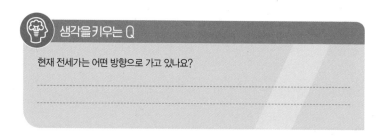

생각을 키우는 Q

현재 전세가는 어떤 방향으로 가고 있나요?

08

톰새를
노려라

#노후화가 진행 중인 아파트들 #미분양 줍줍
#지도를 보고 줍줍

내 집 마련을 위해 이곳저곳 알아보다 보면 역시 새로 지은 아파트에 마음이 갑니다. 단지 내 편의시설이나 가까운 학교, 잘 정리된 도로, 공원, 도서관 등 시설이 잘되어 있기 때문입니다. 하지만 새로운 아파트를 찾다 보면 아무래도 서울 중심부에서 조금씩 멀어지게 됩니다.

서울의 기존 아파트와 1990년대 초반에 지은 신도시 아파트는 이미 노후 아파트가 되었습니다. 하지만 오래된 아파트에는 소득이 적은 은퇴한 고령 가구가 많이 살고 있습니다. 재건축을 하기 위해서는 부담금을 내야 하지만 쉽지 않습니다. 재건축이 결정된다고 해도 짧게는 5년 길게는 10년이 걸리기도 합니다. 이때는 앞으로 좋아질 새로운 곳을 찾아 떠나는 것도 좋습니다.

미분양 줍줍

'줍줍'은 하락장에서 저렴할 때 산다는 의미입니다. 대표적인 주거와 투자 상품인 아파트 역시 줍줍이 가능할 때가 있습니다. '미분양' 물량이 늘어날 때입니다. 미분양의 틈새를 노리기 위해서는 그 원인부터 알아야 합니다. 아파트 물량이 쏟아지면 일시적으로 미분양이 발생할 수 있습니다. 이럴 때는 경기가 좋지 않아서 일시적으로 시장이 얼어붙은 것인지, 도로나 지하철이 개통되지 않아 살기에 매우 불편해서 미분양이 된 것인지 그 원인을 파악한 뒤 투자에 나서야 합니다.

원인을 제대로 파악하기 위해서는 반드시 현장에 가봐야 합니다. 교통 조건과 주변 단지 가격과 환경, 혐오시설 유무 등을 꼼꼼히 살펴봐야 합니다. 일부 원인은 시간이 지나면서 해결될 수 있지만, 일부 문제는 해결이 되지 않을 수 있습니다. 수도권에서 2008년부터 급증한 미분양은 2014년부터 서서히 감소했습니다. 그리고 2014년부터 전국이 부동산으로 들썩이기 시작했습니다.

미분양이 좋은 이유가 몇 가지 있습니다. 첫째, 청약통장이 필요 없습니다. 청약통장이 없는 사람도 1·2순위에서 발생한 미분양 아파트를 금융결제원 주택청약시스템 '아파트투유'Apt2you에서 신청할 수 있습니다. 두 번째는 아파트의 동호수를 직접 고를 수 있다는 점입니다. 세 번째는 계약금 할인, 중도금 무이자 대출, 발코니 무료 확장 등 다양한 혜택을 기대할 수 있습니다. 미분양 아파트를 털기 위해 건설사들이 각종 혜택을 제공합니다. 분양가를 할인하는 곳도 있으니 잘 찾아보면 정말 '줍줍'이 가능합니다.

그러나 열악한 입지가 개선될 여지가 보이지 않거나, 아파트 자체에 하자가 있거나, 주변 혐오시설 문제로 미분양이 된 경우는 섣불리 구매해서는 안 됩니다. 이런 아파트는 계속 미분양으로 남아서 향후에 애물단지가 될 가능성이 큽니다.

지도를 보고 줍줍

우리는 지하철이 들어온다는 말만 들리고 실제로 들어오기까지 아주 오랜 시간이 걸리는 사례를 자주 경험했습니다. 지하철역을 서로 유치하기 위해 경쟁하는 바람에 노선이 변경되는 경우도 있습니다. 소문만 무성한 곳을 찾다 보면 엉뚱한 방향으로 진행되어 낭패를 볼 수 있습니다. 이럴 때는 확정된 곳을 찾는 것이 좋습니다. 국토교통부 광역교통개선대책을 검색하면 확정된 노선과 앞으로의 계획을 자세히 확인할 수 있습니다.

지하철 착공이 시작되고 도시가 완성된 후의 모습을 생각해야 합니다. 다양한 시설이 생겨나고 서울 접근성이 좋다면 당장은 불편해도 향후에 발전할 가능성이 있습니다.

다음 그림은 2030년까지의 수도권 철도망 계획입니다. 2030년이면 아직 시간이 많이 남아 있기 때문에 충분히 저평가된 지역을 찾을 수 있습니다. 지금 당장 투자할 수 없다고 해도 계속 지켜보면서 기회를 기다리는 것도 좋습니다.

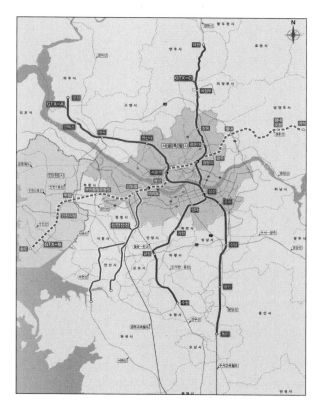

국토교통부 〈광역교통 2030〉

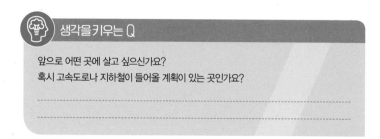

생각을 키우는 Q

앞으로 어떤 곳에 살고 싶으신가요?
혹시 고속도로나 지하철이 들어올 계획이 있는 곳인가요?

돈이 되는 정보는 어디에?

#정보인가 광고인가? #언론과 반대로 하면 성공?
#넘치는 전문가들

많은 사람이 언론을 통해서 정보를 얻습니다. 많은 전문가가 모여서 양질의 정보를 제공하리라 생각합니다. 하지만 언론에서 제공하는 정보를 맹목적으로 신뢰해서는 안 됩니다. 언론은 때때로 중립적이고 객관적인 정보를 제공하지 않습니다. 물론 모든 언론이 매번 거짓말을 하는 것은 아닙니다. 분명히 좋은 정보를 제공하는 언론도 있습니다. 따라서 좋은 정보와 그렇지 않은 정보를 구분할 수 있는 안목이 필요합니다.

우리는 정보의 홍수 속에서 살고 있습니다. 신문, TV, 블로그, 유튜브 등 다양한 채널을 통해 쉴 새 없이 정보가 쏟아지고 있습니다. 쏟아지는 정보는 관심과 이익을 얻기 위해 더 자극적으로 변질되기도 합니다. 달콤한 가짜가 진짜를 위협하면서 투자자를 흔듭니다. 이럴 때는 자신만의 기준을 세우고 가짜를 걸러낼 수 있는 안목을 길러야 합니다. 그래야 정보의 홍수 속에서도 흔들리지 않을 것입니다.

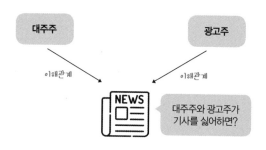

정보인가 광고인가?

좋은 투자 정보에 목말라 있는 독자를 위해 언론은 지하철과 도로 개통 소식을 전합니다. 교통 환경이 좋아지면 부동산 가격이 상승하기 때문입니다. 하지만 확실하지 않은 정보를 기사화하는 경우가 많습니다. 착공되지도 않았는데 이미 '역세권'을 강조하기도 합니다. 아파트 건설회사의 홍보 역할을 하는 것입니다. 이때는 국토교통부에서 발표한 〈국가 철도망 구축 계획〉을 확인하는 것이 도움이 됩니다.

언론이 투자 정보를 흘리는 이유를 알면 정보를 구분하기가 더욱 쉬워집니다. 언론은 사기업으로 '자본'의 힘으로 움직입니다. 언론사의 주수입원은 광고입니다. 건설사들로부터 광고를 많이 받는 언론사는 부동산 시장에 관한 부정적인 기사를 싣기 어려울 것입니다.

또한 건설사들이 언론사의 지분을 보유하고 있는 경우도 많습니다. 실제로 2019년 지역신문사 17곳 중 7곳, 지역방송 11곳 중 5곳의 대주주가 건설사였습니다. 이처럼 자본에 지배받게 되면 좋은 정보를 이야기하기가 어렵습니다. 반대로 말하고 싶은 정보는 쉽게 나옵니다. 하지만 거대 자본이 말하고 싶은 정보와 투자자에게 유리한 정보는 일치하지 않을 수 있습니다.

우리가 접하는 언론의 기사는 '후행지표'입니다. 예를 들어 'ㅇㅇ의 가격이 몇 배 상승했다'라는 기사는 과거에 발생한 일이며, 지난 몇 개월 동안 가격이 상승한 결과입니다. 앞으로 계속 상승할 것인지 장담할 수 없습니다. 기사를 보고 투자한 시점이 꼭지라면 수천에서 수억까지 손해를 볼 수 있습니다. 그렇다고 언론의 기사를 모두 불신하고 무시해서는 안 됩니다. 언론의 한계를 이해하고 자신의 판단력으로 부족한 부분을 보충하고 뛰어넘어야 합니다.

넘치는 전문가들

블로그와 유튜브를 검색하면 다양한 의견들이 쏟아집니다. 그중에는 전문가의 주장도 있고 일반인이지만 전문가만큼 공부한 사람들의 의견도 많습니다. 언론에서 채우지 못한 정보를 다양한 채널을 통해 채울 수 있으므로 적극적으로 활용해야 합니다. 하지만 여기에도 단점이 있습니다. 의견이 너무 많아서 무엇이 도움이 되는지 판단하기 어렵습니다. 무엇이 옳은 정보인지 스스로 공부하면서 안목을 길러 좋은 정보를 선택해야 합니다.

블로거나 유튜버들도 결국 자신의 이익을 위해서 콘텐츠를 생산합니다. 모두가 자신의 이익을 위해 움직인다고 생각하면 화가 날 수 있습니다. 하지만 굉장히 자연스러운 일입니다. 시간과 노력을 들여 '컨텐츠'를 만들었다면 그 목적이 있을 것입니다. 목적이 향하는 방향을 봐야 합니다. 정보를 선택한 '나' 역시 순수한 마음으로 그것을 보는 것은 아닐 것입니다. 나와 상대방의 '욕망'을 걷어낸다면 정보가 더 깨끗하게 보일 것입니다.

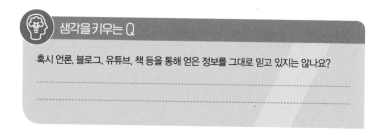

생각을 키우는 Q

혹시 언론, 블로그, 유튜브, 책 등을 통해 얻은 정보를 그대로 믿고 있지는 않나요?

모르면 돈 날리는 부동산상식

#적은 돈으로 큰돈 지키기 #무엇을 봐야 할까?
#확정일자 '온라인'으로!

집을 계약하기 전에 반드시 확인해야 하는 것이 있습니다. '등기부등본(등기사항전부증명서)'입니다. 대법원 인터넷등기소(http://www.iros.go.kr)에 가입하면 누구나 열람도 하고 발급도 할 수 있습니다. 등기부등본은 공인중개업소를 통해 받아볼 수 있지만 인터넷을 통해서 직접 열람하는 것이 좋습니다. 수수료는 열람은 700원, 발급은 1,000원이므로 큰 부담없이 확인할 수 있습니다.

'등기본등본'을 통해 해당 부동산의 개요와 권리관계를 알 수 있고, 집을 알아보고 계약하기 전에 경매로 넘어갈 위험은 없는지도 확인할 수 있습니다. 적은 돈으로 나의 큰돈을 지킬 수 있기 때문에 거래 전에 반드시 조회해보는 것이 좋습니다. 주소로 내가 원하는 부

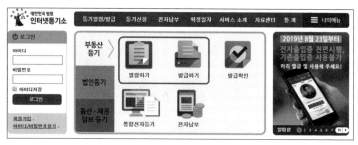

대법원 인터넷 등기소

동산을 검색하고 선택해서, 열람할 내용의 선택사항에서 '전부', '말소사항포함'으로 보는 것이 좋습니다.

무엇을 봐야 할까?

등기부등본은 표제부, 갑구, 을구 세 항목으로 구성되어 있습니다. 첫 번째 표제부에는 건물의 주소와 층별 면적, 크기, 용도 등 건물 자체에 관한 내용이 담겨 있습니다. 갑구에는 소유권 및 권리관계에 관한 사항이 기재되어 있습니다. 을구에는 저당권 설정 여부가 표시되어 있습니다. 갑구를 통해서는 물건에 경매가 진행되고 있는지 파악하고, 을구를 통해서는 담보로 얼마나 많은 돈을 빌렸는지 파악해야 합니다.

갑구에는 등기한 목적, 접수일, 등기원인이 기재되어 있습니다. 갑구에 경매나 압류를 했던 기록이 단기간에 많이 발생했다면 문제가 있을 가능성이 큽니다. 이때는 계약하는 데 더욱더 신중을 기할 필

[갑구] 예시(소유권에 관한 사항)

순위번호	등기목적	접수	등기원인	권리자 및 기타사항

[을구] 예시(소유권 외의 권리에 관한 사항)

순위번호	등기목적	접수	등기원인	권리자 및 기타사항

요가 있습니다. 갑구에 나와 있는 소유권 관련 권리관계는 시간 순서대로 표시됩니다. 갑구의 가장 마지막 부분에 현재 주인이 나와 있는 것을 확인해야 합니다.

을구에는 부동산의 소유권 외 전세권, 지역권, 지상권, 저당권에 대한 내용이 들어 있습니다. 부동산을 담보로 돈을 빌린 내역을 말합니다. 마지막 칸 '권리자 및 기타사항'에 채권최고액 1억 원이라고 기재되어 있으면, 1억 원이 담보로 잡혀 있다는 뜻입니다. 돈을 갚지 못하면 경매로 넘어가고 세입자는 보증금을 전부 받지 못할 수 있습니다. 그러므로 계약을 하기 전에 어느 정도 금액이 담보로 잡혀 있는지 반드시 확인해야 합니다.

확정일자 '온라인'으로!

부동산을 계약하고 나면 전입신고와 확정일자를 등록하기 위해 주민센터를 방문해야 합니다. 하지만 평일에 바쁘거나 주말에 계약한 사람은 직접 방문하기 어려울 수 있습니다. 그럴 때는 전입신고는 민원24(http://www.minwon.go.kr)에서 신청할 수 있고, 확정일자는 대법원 인터넷등기소(http://www.iros.go.kr)에서 받을 수 있습니다.

전입신고를 하면 '대항력'이라는 것이 생깁니다. 대항력이 있으면 계약기간에 집주인이 바뀌어도 집을 비워주지 않아도 됩니다. 확정일자를 받으면 '우선변제권'이 생깁니다. 집이 '경매'로 넘어가더라도 세입자는 보호받을 수 있는 권리입니다. 즉 경매대금에서 내 보증금을 먼저 받을 수 있는 권리입니다. 만약 중간에 보증금이 오르면 오른 보증금은 다시 확정일자를 받아야 합니다. 나의 돈을 지키기 위해서는 전입신고와 확정일자는 모두 꼭 받아두어야 합니다.

생각을 키우는 Q

대법원 인터넷 등기소에서 현재 내가 살고 있는 집을 조회해보세요.

이름 없는 투자 영웅

월가의 영웅이 된 청소부 이야기

지금까지 이야기한 많은 투자자들은 우리가 흔히 '엘리트'라고 말하는 이들이었습니다. 좋은 교육을 받고, 좋은 회사에 입사해, 좋은 조건과 운까지 따라서 성공한 사람들이 적지 않습니다. 그들의 노력에 박수와 찬사를 보내면서도, 한편으로는 평범한 사람과의 거리감이 느껴지기도 합니다. 내가 워런 버핏이나 조지 소로스 같은 투자자가 될 수 있을까 하는 생각도 듭니다. 그렇다면 과연 평범한 소시민은 이들처럼 투자의 세계에서 성공할 수 없을까요?

여기 평범하지만 누구보다 위대했던 '청소원' 투자자의 이야기가 있습니다. 로날드 리드Ronald Read는 미국 버몬트주의 한 마을에 사는 평범한 노인이었습니다. 그는 2015년 92세의 나이로 세상을 떠나면서 무려 90억 원의 재산을 남겼고, 이 중 70억 원가량을 동네 병원과 도서관에 기부했습니다.

그는 죽기 전 제이씨페니J.C. Penny 백화점에서 파트타이머 청소원으로 일했고, 청소원으로 일하기 전에는 동네 주유소에서 57세까지 일했습니다. 그는 평소 다 해진 티셔츠에 낡은 외투를 즐겨 입었고 그 외투마저 떨어진 단추를 안전핀으로 대신할 정도로 매우 검소하게 살았습니다. 한번은 커피를 주문하던 그를 거지로 여기고 누군가 커피값을 대신 내준 적이 있을 정도였습니다.

그래서 주변 사람들은 그가 90억 원에 달하는 자산가라는 사실을 전혀 눈치채지 못했습니다. 그는 고등학교 졸업 후 2차 세계대전에 참전했다가 전쟁이 끝난 뒤 고향에 돌아왔습니다. 그 후로 죽을 때까지 평생 고향에서 평범하게 살았습니다. 하지만 그가 죽은 뒤 열어본 은행 금고 안에는 주식 증서가 수북이 쌓여 있었습니다.

조금씩 차곡차곡

그렇다면 그의 성공 비결은 무엇이었을까요? 은행 금고에 들어 있던 주식 증서는 그가 장기투자의 신봉자였음을 말해줍니다. 한평생 주유소에서 일하고 또 백화점에서 청소원으로 일하며 조금씩 투자한 주식이 90억 원으로 불어났던 것입니다. 단기 매매를 하지 않고 주식을 은행 금고에 묻어둔 것이 바로 그의 투자 성공 비결이었습니다.

그는 살아생전 하루도 빠짐없이 월스트리트 저널을 읽었고 동네 도서관에서 책도 꾸준히 빌려 공부한 것으로 알려졌습니다. 그야말로 독학으로 주식 투자에 통달한 것입니다. 그가 매수한 주식은 AT&T, 뱅크오브아메리카, CVS, Deere, GE 그리고 GM 등으로 모두 배당수익률이 높은 우량 기업이었습니다. 꾸준히 공부해서 선정한 종목은 명문대를 졸업한 뒤 투자회사에 일하고 있는 사람의 그것과 비교해도 전혀 손색이 없었습니다.

흥미로운 점은 주식 투자로 90억 원의 재산을 모았지만 사치스러운 생활과는 거리가 멀었다는 것입니다. 그의 가장 큰 사치는 아침에 동네 커피숍에서 모닝커피와 잉글리스 머핀에 땅콩버터를 발라 먹는 게 전부였다고 합니다. 자동차도 지금은 단종된 중고 도요타 경차를 몰고 다녔을 정도였습니다.

그의 투자방식은 우리에게 많은 교훈을 안겨줍니다. 과연 정말 수입이 적어서 투자를 못하는 것인지, 혹시 별다른 가치 없는 기업의 주식을 찾아서 매수와 매도를 반복하고 있지는 않은지, 주식에서 돈을 조금 벌었다고 자만하거나 돈을 쓸 생각부터 먼저 하고 있지는 않은지, 의욕과 노력 중 무엇이 앞서고 있는지 한번 곰곰이 생각해봐야 할 것입니다.

어두운 밤길의 가로등과 같은 책

세상에는 다양한 불빛이 있습니다. 생명을 불어넣는 햇빛, 무수한 이야기가 담긴 신비한 별빛, 밤의 낭만을 실어오는 달빛, 아름다운 추억이 되는 폭죽이 있습니다. 또한 세상에는 다양한 책이 있습니다. 철학은 생각에 생명을 불어넣는 태양입니다. 역사는 무수한 밤하늘의 별빛 같은 이야기입니다. 문학은 어둡고 고독한 삶을 비춰주는 달빛으로 인생의 낭만을 즐길 수 있습니다. 짧지만 강렬히 마음에 울려 퍼지는 폭죽은 시와 비슷합니다.

이 책은 가로등과 같은 책입니다. 활활 타는 빛이 아니라 그저 등불입니다. 어떤 영감이나 재미, 낭만적인 이야기, 마음에 남길 강렬한 무언가는 없습니다. 평범하게 읽고 끝나거나 오히려 다 읽고 나서 화를 낼 수도 있습니다. 지나가는 가로등에 감사하는 사람은 거의 없습니다. 갈 길 찾기 바쁩니다. 화풀이하거나 쓰레기를 집어 던지지 않으면 다행입니다.

하지만 괜찮습니다. 가로등은 그 자리에서 저녁 늦게 귀가하는 누군가의 밤길을 밝혀주고 범죄도 예방합니다. 여러분이 행복한 집에 도달하는 길을 밝혀줍니다. 친구나 사랑하는 사람을 만나러가는 길을 밝혀줍니다. 때로 가로등을 쳐서 스트레스가 풀린다면 뭐 어떻습니까? 가로등은 여러분보다 훨씬 더 단단합니다.

이 책을 읽고 여러분의 돈이 안전하게 행복한 집에 귀가할 수 있고, 재테크를 통해 더욱 큰 세상으로 나갈 수 있고, 스트레스까지 풀린다면 이 책은 그 임무를 다한 것입니다. 이 책의 내용을 디딤돌 삼아 여러분의 삶이 한층 더 풍요로워지고 행복하기를 바랍니다. 감사합니다.

미주

1 「벤저민 그레이엄, 주식시장 원조 '줍줍족'… 남들이 외면한 低PBR 주식 투자」, 한국경제신문,
   2019. 3. 18.
2 한국거래소 2019. 11. 4.
3 「IMF 이후 국내 상장사 부채비율 589%→174%」, KBS NEWS, 2018. 12. 6.
4 「韓조선업 왜 망가졌나…중국특수에 취하고, 해양플랜트에 발목」, Newsis, 2016. 5. 1.
5 「80년 한평생 즐기며 투자한 'Mr.주식'」, 한국경제매거진, 2006. 9. 4.
6 「월스트리트의 역사와 전통의 상징 '골드만삭스'」, 시사매거진, 2017. 11. 3.

참고문헌

1 맘마미아, 『맘마미아 월급 재테크』, 진서원, 2019
2 양규형, 『펀드투자 함부로 하지 마라』, 휴먼앤북스, 2007
3 윤재수, 『대한민국 1%가 된 주식 부자들』, 길벗, 2007
4 김승동, 임성기, 『보험으로 짠테크하라』, 한국경제신문사, 2016
5 브렛킹, 『핀테크 전쟁』, 예문, 2015
6 홍익희, 『월가 이야기』, 한스미디어, 2014

**모르면 호구 되는
재테크상식**

1판 1쇄 발행 | 2020년 3월 5일
1판 4쇄 발행 | 2024년 5월 22일

지은이 이현우
펴낸이 김기옥

경제경영팀장 모민원
기획 편집 변호이, 박지선
마케팅 박진모
경영지원 고광현
제작 김형식

디자인 푸른나무디자인
인쇄·제본 민언프린텍

펴낸곳 한스미디어(한즈미디어(주))
주소 04037 서울특별시 마포구 양화로 11길 13(서교동, 강원빌딩 5층)
전화 02-707-0337 | 팩스 02-707-0198 | 홈페이지 www.hansmedia.com
출판신고번호 제 313-2003-227호 | 신고일자 2003년 6월 25일

ISBN 979-11-6007-894-7 (13320)

책값은 뒤표지에 있습니다.
잘못 만들어진 책은 구입하신 서점에서 교환해 드립니다.

본문의 그래픽은 Freepik Company(https://www.flaticon.com)에서 제공받은 소스로 제작되었습니다.

**모르면 호구 되는
재테크상식**